Ludger Brüning

**Methodentraining:**

# Vortragen Präsentieren Referieren

**Praktische Unterrichtsmaterialien für die Sekundarstufe**

Mit Kopiervorlagen



AV Auer Verlag GmbH

*Ich möchte mich an dieser Stelle bei meinen Kollegen bedanken, die viele der hier vorgestellten Bausteine erprobt und hilfreiche Rückmeldungen gegeben haben. Dies gilt im Besonderen für meinen Kollegen Tobias Saum, der zur Entwicklung und Erprobung vieler Bausteine unmittelbar beigetragen hat.*
*Andrea gilt mein besonderer Dank!*

Gedruckt auf umweltbewusst gefertigtem, chlorfrei gebleichtem
und alterungsbeständigem Papier.

2. Auflage 2009
Nach den seit 2006 amtlich gültigen Regelungen der Rechtschreibung

Illustrationen: Andrea Frick-Snuggs
Satz: Ludwig Auer GmbH, Donauwörth
Druck und Bindung: Aubele Druck GmbH, Bobingen
ISBN 978-3-403-0**4431**-4

www.auer-verlag.de

# Inhalt

# 1. Einleitung

## 1.1 Vorbemerkungen

Schüler sind im Laufe ihrer Schulzeit immer wieder mit Situationen konfrontiert, in denen sie Arbeitsergebnisse vorstellen. Nicht selten geschieht dies in Form von kleinen Vorträgen, kurzen Präsentationen oder längeren Fachvorträgen (Referaten). Die Darstellungsleistungen, die die Schüler dabei erzielen, sind durchaus unterschiedlich. Aber gerade bei längeren Fachvorträgen, wie sie in den oberen Jahrgangsstufen häufig eingesetzt werden, fällt es den Zuhörern oft schwer, dem Redner zu folgen.
Was also müssen die Vortragenden tun, damit die Zuhörer sich nicht während des Vortrages langweilen? Welche Lerngelegenheiten müssen Lehrkräfte anbieten, damit die Schüler solche Situationen angemessen bewältigen können?
Genau auf diese Fragen möchten die folgenden Anregungen und Ideen eine Antwort anbieten.
Viele der vorliegenden Materialien sind in Zusammenarbeit mit Kollegen oder während verschiedenen Fortbildungen entwickelt oder ausprobiert worden. Die Materialien sollen Ihnen als Anregungen für den eigenen Unterricht dienen. Hinweise, Erfahrungen und Verbesserungsvorschläge sind ausdrücklich gewünscht.

Die Begrifflichkeit im Bereich *Sprechen* innerhalb des Deutschunterrichts ist nicht immer eindeutig. Referat, Fachvortrag, Rede sind häufig gebrauchte Bezeichnungen, die im Unterrichtsalltag unterschiedlich gebraucht werden.
Der vorliegende Band bietet vorwiegend Materialien an, die die Schüler auf einen Fachvortrag (Sachrede, Referat) vorbereiten. Darunter wird hier verstanden, dass die mündliche Vorstellung eines Sachzusammenhangs vor einem Publikum im Mittelpunkt steht. Dazu bedient sich der Vortragende allerdings häufig unterschiedlicher Medien, die er zur Veranschaulichung einsetzt. Der Redner will beim Fachvortrag vornehmlich informieren, d. h. sein Vortrag hat das Ziel, objektiv, informativ und sachlich zu sein. Und – in Abhängigkeit von der Jahrgangsstufe – genügt ein solcher Vortrag eben auch den wissenschaftspropädeutischen Ansprüchen der Oberstufe.

## 1.2 Zum angemessenen und gezielten Sprechen im Unterricht

### *Unterrichtsgestaltung und -kultur*

Die Förderung des situationsangemessenen Sichäußerns gehört zu den zentralen Aufgaben des Unterrichts. Die hier vorgestellten Materialien können zu kleinen Einheiten im Unterricht kombiniert werden, um häufiges Sichäußern zu erlauben. Dabei ist jedoch sehr wichtig, dass Sie als Unterrichtender einige Grundprinzipien der Sprecherziehung berücksichtigen, um die sprachlichen Fertigkeiten der Schüler zu fördern.

- ***Freude am Vortragen***

Die Schüler sollten Freude am Vortragen gewinnen. Lassen Sie den Unterricht möglichst häufig mit motivierenden Stimmübungen beginnen. Bei den Hinführungen zum freien Sprechen (Kap. 3.2) habe ich mich bemüht, vor allem motivierende Redeanlässe zu schaffen.
Vermeiden Sie einen Unterricht, in dem die Redeangst einzelner Schüler unter Umständen verstärkt wird. Sorgen Sie für eine Atmosphäre, in der sich die Schüler sicher fühlen, wenn sie etwas vortragen. Sehr bewährt hat es sich, dass die Übungen möglichst immer zunächst in der Kleingruppe durchgeführt werden, bevor einzelne Schüler ihre Ergebnisse vor der Klasse präsentieren.

- ***Kooperatives Lernen: Alle sollten oft reden***

Kooperative Lernformen, die ein hohes Maß an Schüler-Kommunikation erlauben, fördern grundsätzlich die mündliche Ausdrucksfähigkeit der Schüler. Kurz gesagt: Kooperative Arbeitsphasen, in denen die Schüler vortragen, sollten den Kern des Unterrichts darstellen. Denken Sie daran: Vor der Klasse können immer nur wenige Schüler praktische Erfahrungen sammeln.
Die hier vorgestellten Vortragsübungen lassen sich deshalb auch fast immer sowohl in Kleingruppen als auch in der gesamten Klasse durchführen.

### Kurze Übungsreden

Die einzelnen Übungsvorträge sollten immer kurz sein. Dies ermöglicht zum einen den hohen Redeanteil *aller* Schüler. Viel wichtiger ist es aber, dass so die notwendigen Fertig- und Fähigkeiten gezielt eingeübt werden können. Konkret heißt dies, dass alle Schüler z. B. nur die Begrüßung einüben, dann isoliert eine Einleitung sprechen etc. Erst am Ende der Unterrichtseinheit zum Fachvortrag sollen gezielt zusammenhängende und vollständige Fachvorträge stehen.

### Inhaltlich angemessene Herausforderungen

Wenn der Schwerpunkt auf das Vortragen gelegt wird, sollten von den Schülern keine Aufgabenstellungen gefordert werden, die inhaltlich zu anspruchsvoll sind. Das Sprechen vor einer Gruppe ist für viele Schüler Herausforderung genug. Sie können Ihren Schülern auch anbieten, einen Vortrag zu halten, den sie für einen anderen Zweck (z. B. für ein anderes Fach) bereits inhaltlich vorbereitet haben.

### Vortragen als Teil von jedem Unterricht

Die Schüler sollten im Unterricht immer wieder Elemente des Vortragens einüben. Dies haben sie vielfach bereits in der Grundschule geübt; daran können sie anknüpfen.
Die hier vorgestellten Aufgaben sind deshalb als Anstoß zur Einübung des Sichäußerns zu verstehen. Gesonderte Übungen allein sind eben nicht nachhaltig. Vielmehr sollte der Unterrichtende die Schüler immer wieder auffordern, kleine Arbeitsergebnisse *vor* der Klasse zu präsentieren und dabei die bereits erlernten Fähigkeiten anzuwenden.

### Praktisches Tun

Die Erfahrungen zeigen, dass das Vortragen nur durch das praktische Tun erlernt wird. Dozierende Hinweise durch die Unterrichtenden führen in der Regel nicht zur Verbesserung der Vortragsfertigkeiten bei den Schülern.
Ein Beispiel: In jedem Handbuch zum freien Sprechen und wohl auch in jeder Unterrichtseinheit zu diesem Thema fehlt nicht der Hinweis auf den notwendigen Blickkontakt. Aber dadurch können die Schüler diesen längst noch nicht aufbauen! Erst wer die Übung zum Blickkontakt einmal selbst durchgeführt hat, der wird begreifen, dass jede Teilfertigkeit für einen gelungenen Vortrag vor einer Gruppe sorgfältig und in kleinen Schritten eingeübt werden muss.

### Kurze positive Rückmeldung

Der mündliche Vortrag ist eine sehr komplexe Angelegenheit, in der sich der Vortragende mit seiner ganzen Persönlichkeit beobachtet fühlt. Dies ist ein wesentlicher Grund für die weit verbreitete Redeangst. Im Unterricht muss deshalb die positive Redeleistung herausgestellt und somit verstärkt werden. Dabei ist es gleichgültig, ob dies durch die Schüler oder den Unterrichtenden geschieht. Für die Schüler sollte die Regel gelten, dass bei der Rückmeldung immer auch das Positive herausgestellt werden muss. Dies kann durch die Regel erweitert werden, dass – wenn überhaupt sinnvoll – immer nur so viele negative Punkte aufgezählt werden dürfen, wie positive genannt werden.
Für die Kritik sind gezielte und auf einen Aspekt konzentrierte Hinweise sinnvoll. Umfassende Ratschläge sind kaum handlungsleitend im Sinne einer Verbesserung der Vortragsleistung.

### Der Vortrag zählt

Fachvorträge sind mündliche Leistungen. Es gilt, die Aufmerksamkeit der Zuhörer zu gewinnen und einen Sachzusammenhang richtig zu präsentieren. Vorträge sind *keine schriftlichen Arbeiten*. Deshalb sollten die Schülerinnen und Schüler nicht aufgefordert werden, den Vortrag auch in schriftlicher Form vorzulegen. Denn so wird von der Lehrkraft das Signal gesendet: „Letztlich bewerte ich nur den Aufsatz." So wird nicht deutlich, dass das Vortragen eine eigene wichtige Leistung darstellt, die nicht durch eine schriftliche Ausarbeitung zu ersetzen ist. Die Förderung der gesprochenen Sprache verlangt das Sprechen!

## Mit den Schülern planen und Kriterien entwickeln

Soll eine geschlossene Unterrichtsreihe zum Vortragen durchgeführt werden, dann ist es sinnvoll, wenn die Kriterien für einen gelungenen Vortrag zu Beginn der Unterrichtsreihe von den Schülern erarbeitet werden. Dabei können die Schüler diese Kriterien selbst sammeln. Anschließend kategorisieren sie die Kriterien. Ein großes Lernplakat mit den Kriterien sollte im

Kurs- oder Klassenraum aufgehängt werden. Im Verlauf der Unterrichtsreihe können noch weitere Aspekte ergänzt werden. Die in diesem Band vorgestellten Bewertungsraster sind Ergebnisse solcher Arbeitsprozesse (s. S. 104–106).
Die gemeinsam entwickelten Ansprüche an einen gelungenen Fachvortrag strukturieren die Unterrichtsreihe. Besprechen Sie mit Ihren Schülern, welche Fähigkeiten sie schon besitzen, was sie bereits beherrschen.
Der nächste Schritt ist die schrittweise Förderung einzelner Fertigkeiten und Kompetenzen im Unterricht. Die hier vorgestellten Materialien bieten dafür vielfältige Anregungen.

## 1.3 Hinweise zum Einsatz der Materialien

Die folgenden Hinweise, Übungsvorschläge und Kopiervorlagen sind als Bausteine einer Vortragswerkstatt zu verstehen. Nicht jeder Vorschlag passt zu Ihrer Lerngruppe oder auch zu Ihnen. Suchen Sie sich aus dem Angebot die Materialien heraus, die Sie im Unterricht umsetzen möchten.
Die vorgestellten Unterrichtsideen können Sie zu einem zusammenhängenden Unterrichtsvorhaben verbinden. Daneben lassen sich viele Ideen in Ihren alltäglichen Unterricht integrieren.
Der Band verzichtet weitgehend auf Handreichungen für Schüler, in denen die berühmten Tipps und Tricks aufgelistet sind. Alle Erfahrungen zeigen nämlich, dass dadurch fast nie die Vortragsleistungen der Schüler steigen. Denn die Schüler benötigen die eigenen Erfahrungen, die vertiefende Übung und Anwendung und die gezielte Reflexion, um gegen Ende ihrer Schullaufbahn gelungene Fachvorträge halten zu können. Hierfür finden Sie zahlreiche Anleitungen und ausgewählte Materialien am Ende jedes Kapitels. Eine Ausnahme finden Sie auf S. 110 f. Die Checkliste kann Ihren Schülern helfen, bei der Vorbereitung des Vortrags nichts Wesentliches zu vergessen.

## 1.4 Welche Übung passt zu welcher Klassenstufe?

| Übung | Seite | Jg. 5 | Jg. 6 | Jg. 7 | Jg. 8 | Jg. 9 | Jg. 10 | Jg. 11 | Jg. 12 | Jg. 13 |
|---|---|---|---|---|---|---|---|---|---|---|
| **2. Stimme und Artikulation** | | | | | | | | | | |
| Lockerung des Körpers | 10 | • | • | • | • | • | • | • | • | • |
| Körperhaltung finden | 10 | • | • | • | • | • | • | • | • | • |
| Atemrhythmus finden | 10 | • | • | • | • | • | • | • | • | • |
| Atemschnüffeln | 11 | • | • | • | • | • | • | • | • | • |
| Lunge leeren | 11 | • | • | • | • | • | • | • | • | • |
| Stimmhaft und stimmlos ausatmen | 11 | • | • | • | • | • | • | • | • | • |
| Zunge schleudern | 11 | • | • | • | • | • | • | • | • | • |
| Lippen blähen | 11 | • | • | • | • | • | • | • | • | • |
| Summen | 12 | • | • | • | • | • | • | • | • | • |
| Zungenbrecher | 12 | • | • | • | • | • | • | • | • | • |
| Vor der Klasse flüstern | 13 | • | • | • | | | | | | |
| Flüsterinterviews | 13 | • | • | • | | | | | | |
| Flüsterpost | 13 | • | • | • | | | | | | |
| Verhindertes Artikulieren | 14 | • | • | • | | | | | | |

| Übung | Seite | Jg. 5 | Jg. 6 | Jg. 7 | Jg. 8 | Jg. 9 | Jg. 10 | Jg. 11 | Jg. 12 | Jg. 13 |
|---|---|---|---|---|---|---|---|---|---|---|
| Sprechcollagen | 15 | | | | • | • | • | • | • | • |
| Telefonbuch lesen | 16 | | | | • | • | • | • | • | • |
| Texte gegen den Strich lesen | 16 | | | | • | • | • | • | • | • |
| **3. Freies Sprechen** | | | | | | | | | | |
| Den Partner vorstellen | 26 | • | • | • | • | • | • | • | • | • |
| Auf einen Anruf-beantworter sprechen | 27 | • | • | • | | | | | | |
| Aufnahme in die Akademie der Wissenschaften | 28 | • | • | • | • | • | • | • | • | • |
| Simulation: Vortrags-wettbewerb in der Schule | 28 | • | • | • | • | • | • | | | |
| Erfindermesse | 29 | • | • | • | • | • | • | • | • | • |
| Sprichwörter vorstellen | 29 | • | • | • | • | • | • | • | • | • |
| Ähnliche Dinge von-einander abgrenzen | 30 | • | • | • | • | • | • | • | • | |
| Geometrische Figuren beschreiben | 30 | • | • | • | • | • | • | • | • | • |
| **4. Fachvorträge vorbereiten und halten** | | | | | | | | | | |
| Einfacher Fünf-Satz | 41 | | | • | • | • | | | | |
| Fünf-Satz für Fortgeschrittene | 42 | | | | • | • | • | • | • | • |
| Die Fünf-Minuten-Präsentation | 43 | | | | • | • | • | • | • | • |
| Der Zwanzig-Minuten-Vortrag | 45 | | | | | • | • | • | • | • |
| Das eigene Interesse klären | 45 | | | • | • | • | • | • | • | • |
| Leitende Fragestellung entwickeln | 46 | | | • | • | • | • | • | • | • |
| Leitende Fragestellung ins Bewusstsein rufen | 47 | | | • | • | • | • | • | • | • |
| Zum Schluss | 47 | | | • | • | • | • | • | • | • |
| Einsteigen bitte! | 47 | | | • | • | • | • | • | • | • |
| Zweispaltentechnik | 49 | | | | • | • | • | • | | |
| Symbole als Erinne-rungshilfe nutzen | 49 | • | • | • | • | (•) | (•) | (•) | (•) | (•) |
| Visualisierungen als Er-innerungshilfe nutzen | 50 | • | • | • | • | • | • | • | • | • |

| Übung | Seite | Jg. 5 | Jg. 6 | Jg. 7 | Jg. 8 | Jg. 9 | Jg. 10 | Jg. 11 | Jg. 12 | Jg. 13 |
|---|---|---|---|---|---|---|---|---|---|---|
| **5. Körpersprache und Zuhöreraktivierung** | | | | | | | | | | |
| Wie finden die Schüler einen sicheren Stand? | 66 | • | • | • | • | • | • | • | • | • |
| Welche Haltung ist angemessen? | 66 | • | • | • | • | • | • | • | • | • |
| Dem Zusammenhang von Haltung und Aussprache nachspüren | 67 | • | • | • | • | • | • | • | • | • |
| Annäherung an die eigene Körpersprache | 67 | • | • | • | • | • | • | • | • | • |
| Spiegeln | 67 | • | • | • | • | • | • | • | | |
| Körpersprache deuten | 68 | | | • | • | • | • | • | | |
| Aussagen erraten | [illegible] | • | • | • | • | • | • | • | | |
| Sprechen und gestikulieren | 69 | • | • | • | • | • | • | • | | |
| Koordination von Sprache und Gestik | 70 | • | • | • | • | • | • | • | | |
| Mit Gesten sprechen | 70 | | | | | | • | • | • | |
| Körpersprache bewusst im Referat einsetzen | 70 | | | | • | • | • | • | | |
| Gesichtsmuskeln lockern | 71 | • | • | • | • | • | • | • | • | • |
| Zuhörer anschauen | 71 | • | • | • | • | • | • | • | • | • |
| Denken – Austauschen – Vorstellen | 73 | | | | | • | • | • | • | • |
| **6. Visualisierungen und Medieneinsatz** | | | | | | | | | | |
| Geht es auch ohne Veranschaulichung? | 83 | | | | • | • | • | • | • | • |
| Folien anfertigen | 85 | | • | • | • | • | • | • | | |
| Kriterien für gelungene Folien entwickeln und anwenden | 86 | | | | • | • | • | • | • | • |
| Folien beurteilen | 86 | | | | • | • | • | • | • | • |
| Über Präsentationsprogramme nachdenken | 90 | | | | • | • | • | • | • | • |
| Thesenpapier anfertigen | 91 | | | | • | • | • | • | • | • |
| **7. Beraten und bewerten** | | | | | | | | | | |
| Bewertungsraster erstellen | 100 | | | • | • | • | • | • | • | • |
| Sich gegenseitig beraten | 101 | | | • | • | • | • | • | • | • |
| Vorträge beurteilen und bewerten | 102 | | | • | • | • | • | • | • | • |

# 2. Stimme und Artikulation

## 2.1 Einführung

In vielen Handreichungen für den Unterricht finden sich Übungen zur Stimmbildung und Artikulation, die die Lehrkräfte mit ihren Schülern durchführen können. In den erläuternden Hinweisen wird dann die erhoffte Wirksamkeit solcher Übungen beschrieben. In der Unterrichtspraxis zeigt sich aber, dass diese vor allem für die Sprecherziehung, Stimmbildung oder Sprachtherapie (Logopädie) entwickelten Übungen in der Schule nur sehr begrenzt wirksam sind. Das ist auch nicht überraschend, denn die Situation in der Schule unterscheidet sich stark von Situationen, in denen zum Beispiel der Sprecherzieher angehende Schauspieler ausbildet. Diese besuchen langfristig angelegte Seminare, üben zu Hause und erhalten zudem systematische und kontinuierliche Rückmeldung über die Veränderungen ihres Sprechens. Ähnliches gilt für die Sprachtherapie. Vor diesem Hintergrund ist nicht zu erwarten, dass sich auch nur annähernd vergleichbare Veränderungen bei den Schülern einstellen. Die Verwendung solcher Übungen wird nur in seltenen Fällen eine langfristige Verbesserung der Artikulation oder Stimme einzelner Schüler bewirken. Das kann nicht Aufgabe schulischen Unterrichts sein. Relativ viele Schüler weisen sprachliche Auffälligkeiten auf. Einige Kinder sprechen sehr leise, andere viel zu schnell, wieder andere artikulieren nur sehr undeutlich. Wenn Sie auffällige Abweichungen vom durchschnittlichen Sprechverhalten in Ihrer Schulklasse bemerken, sollten Sie die Eltern darauf aufmerksam machen. Vielleicht ist eine sprachheilpädagogische Therapie angemessen. Ein Gang zum Kinder- oder HNO-Arzt oder zum Logopäden kann sinnvoll sein.

Der gezielte Einsatz solcher Übungen kann mitunter jedoch auch im Unterricht sinnvoll sein. Die Schüler können die Übungen z. B. im Kreis ausführen und sich dabei gegenseitig ansehen. So verlieren sie sehr schnell Hemmungen beim öffentlichen Sprechen bzw. Vortragen. Die Ängste der Schüler werden vor allem dann verschwinden, wenn die Lehrkraft diese Übungen demonstriert und sich bei der anschließenden Durchführung aktiv beteiligt.

Die folgenden kleinen Übungen aus der Sprecherziehung schaffen eine insgesamt entspannte und motivierende Unterrichtsatmosphäre. Die Schüler bekommen so Freude am Sprechen und werden mitunter für ihre Aussprache sensibilisiert. Einzelne Schüler lockern sich mit diesen Übungen auf, bevor sie ihren Vortrag halten. Denn die Übungen lenken die Schüler vor dem Vortrag etwas ab und reduzieren so die Anspannung.

Daneben wird durch die Auseinandersetzung mit der eigenen Stimme auch die Eigenwahrnehmung angeregt. Mitunter werden Schüler bei diesen Übungen erstmalig mit ihrer eigenen Art zu sprechen konfrontiert.

Übungen zur Stimmbildung in der Schule sind also nur sehr begrenzt im therapeutisch-sprecherzieherischen Sinne wirksam, wohl aber als Hinführung zum Vortrag und als Ausgangspunkt der Reflexion über die eigene Stimme berechtigt und sinnvoll.

Die folgenden Anregungen zur Arbeit mit den Schülern stellen kein festes Trainingsprogramm dar, sondern können beliebig miteinander kombiniert werden, am Beginn einer Einheit zum Vortrag stehen oder als Auflockerung eingesetzt werden.

## 2.2 Übungen

Die folgenden Übungen zur Artikulation und Stimmbildung sind altersunabhängig einsetzbar. Die Übungen können entweder von der Lehrkraft angeleitet werden oder – wenn die Lerngruppe die Übungen bereits einmal durchgeführt hat – von einem Schüler. Wichtig ist, dass die anleitende Person selbst mit gutem Beispiel vorangeht und selbst alle Übungen mitspricht. Wie beispielhaft auf den Kopiervorlagen M1 und M2 gezeigt wird, können Sie selbstverständlich die Übungen miteinander zu kleinen sprachlichen Auflockerungsübungen kombinieren, die zu Beginn einer Unterrichtseinheit zur mündlichen Kommunikation eingesetzt werden können. Dabei hat sich die folgende Übungsfolge im Unterricht bewährt:

1. Die Schüler stellen sich bewusst hin und nehmen eine möglichst entspannte, aber aufrechte Körperhaltung ein.
2. Die Schüler konzentrieren sich auf die eigene Atmung. Dabei bleiben sie entspannt stehen.
3. Nun werden Übungen zur Lockerung der Artikulationsorgane/Resonanzübungen/Flüsterübungen durchgeführt.
4. Es folgen wenige ausgewählte Übungen zur Stimmbildung.

Die folgenden Übungen sind nach obiger Reihenfolge sortiert.
Variieren Sie die Einzelübungen zu unterschiedlichen Übungsfolgen (vgl. Beispiel M1).

## Körperhaltung

Die folgenden Kurzinformationen gelten für beide Übungen zur Körperhaltung.

**Jahrgangsstufe:** 5–13
**Ziel:** gute Körperhaltung fördern
**Sozialform:** Klassenübung
**Zeitumfang:** 5 Minuten
**Material:** – – –

➜ Übung:
Lockerung des Körpers

Bevor die Schüler eine angemessene Haltung einnehmen können, sollten sie ihren Körper lockern können. Dazu stellen sie sich hin, lassen ihre Schultern leicht kreisen oder schwingen vorsichtig mit ihren Armen. Dann beginnen die Schüler zu wippen und dabei in den Knien zu federn. Die Schüler sollten diese schwingende Bewegung etwas steigern und dann langsam ausklingen lassen.
Abschließend können die Schüler ihre Beine abwechselnd schütteln und dann ihre Haltung finden.

➜ Übung:
Körperhaltung finden

Ein guter Stand ist für die Körperhaltung von großer Bedeutung. Wenn Sie unkonventionelle Übungen nicht scheuen, dann fordern Sie die Schüler auf, die Schuhe auszuziehen. Die Schüler sollten zunächst auf den flachen Füßen stehen. Dabei sollten sie dem Druck unter ihren Füßen nachspüren. Fordern Sie die Schüler auf, auf der Hacke zu stehen, auf den äußeren Seiten, dann auf den Zehen und anschließend auf den inneren Seiten um abschließend wieder mit den ganzen Füßen Bodenkontakt zu haben. Erinnern Sie Ihre Schüler daran, sich möglichst gerade hinzustellen. Der Hals und der Kopf sind so aufgerichtet, als ob sie auf dem Scheitelpunkt ihres Kopfes eine Kiste tragen würden. Die Beine sollten etwa in Hüftbreite stehen, während die Arme locker an der Seite des Körpers hängen.
Jetzt können sich Übungen zur Atmung anschließen.

## Atemübungen

Die folgenden Kurzinformationen gelten für alle Atemübungen.

**Jahrgangsstufe:** 5–13
**Ziel:** Bewusstsein für Atmung stärken
**Sozialform:** Klassenübung
**Zeitumfang:** variabel
**Material:** – – –

➜ Übung:
Atemrhythmus finden

Die Schüler atmen im folgenden Rhythmus aus und ein:

- *ausatmen – (Pause, dabei Einatmungsreiz abwarten)*
- *einatmen – (Pause, dabei Ausatmungsreiz abwarten)*
- *ausatmen – (...)*
- *einatmen – (...)*

usw.

Die Einatmung erfolgt durch die Nase, die Ausatmung durch den nur leicht geöffneten Mund, so dass die Lippen fast noch als Widerstand für die ausströmende Luft wahrgenommen werden.
Die Schüler sollten zunächst im gleichen Rhythmus beginnen, den die Lehrkraft selbst demonstriert. Aus diesem Rhythmus werden die Schüler nach einigen Atemphasen entlassen, so dass sie ihre eigene Geschwindigkeit finden.
Für viele Schüler ist es hilfreich, bei dieser Übung die Augen zu schließen, da sie sich dann besser auf die eigene Atmung konzentrieren können.

Übung:
Atemschnüffeln

Die Schüler saugen durch die Nase die Luft in drei hörbaren und kräftigen, aber kurzen Zügen ein. Zwischen jedem Stoß liegt eine kurze Pause, während der sich die Spannung der Bauchmuskulatur weiter aufbaut.

- *ausatmen – (Pause, dabei Einatmungsreiz abwarten)*
- *erster kurzer Sog –*
- *zweiter kurzer Sog –*
- *dritter kurzer Sog (Pause, dabei Ausatmungsreiz abwarten)*
- *ausatmen (Pause, dabei Einatmungsreiz abwarten)*

usw.

Die Schüler legen dabei die Hände in ihre Hüften, der Ellenbogen weist nach hinten. Die Schüler spüren die Erweiterung des Hüftumfangs mit jedem Atemstoß.
Um die gewünschte Tiefenatmung zu erreichen, können die Schüler auch ein Nasenloch zuhalten (eine Hand bleibt in der Hüfte). So werden sie die Bewegung des Zwerchfells deutlicher spüren.

Übung:
Lunge leeren

Die Schüler atmen durch die Nase ein. Nach einer Pause von wenigen Augenblicken lassen sie einen kleinen Teil der eingeatmeten Luft durch eine schmale Lippenöffnung entweichen. Den Rest der Atemluft lassen die Schüler wieder einen Augenblick in der Lunge, um ihn anschließend wieder zu einem kleinen Teil durch die Lippen zu lassen.
Diesen Vorgang wiederholen die Schüler, bis sie keine Luft mehr in der Lunge haben. Die Lippen sollten die Schüler während der Übung immer wieder schließen und nur für die eigentlichen Momente der Atmung öffnen.

Übung:
Stimmhaft und stimmlos ausatmen

Wenn die Schüler die Atemübungen beherrschen, können sie beim Ausatmen während der obigen Übungen auch stimmhafte oder stimmlose Konsonanten bilden: f, ss, w, s dann im Wechsel f – w, ss – s.

## *Lockerung der Stimme*

Die folgenden Kurzinformationen gelten für alle Übungen zur Lockerung der Stimme.

**Jahrgangsstufe:** 5–13
**Ziele:**
- Lustvolle Einstimmung zu Beginn der Stunde
- Gefühl für die eigene Stimme entwickeln
- Bewusstsein für präzises und deutliches Sprechen schaffen
- Artikulationsorgane lockern und aktivieren

**Sozialform:** Klassenübung (möglichst im Kreis)
**Zeitumfang:** 15 Minuten
**Material:** – – –

Tipp:

Kleben Sie die Anleitungen auf einen festen Karton. So können Sie oder der anleitende Schüler die Beschreibungen während der Übung in der Hand halten.

Übung:
Zunge schleudern

Die Wangen werden ganz leicht aufgeblasen, so dass sich hinter den locker verschlossenen Lippen die Luft staut. Jetzt bilden die Schüler folgende Silben:

*blom, blum, blom, blem, blim, blam*

Die an der Oberzahnreihe anschlagende Zunge sprengt mit dem „l“ die verschlossenen Lippen und die Zunge wird dabei aus dem Mund herausgeschleudert.

Übung:
Lippen blähen

Die Wangen werden mit leichtem Druck aufgeblasen. Der Mund wird plötzlich geöffnet und die Lippen formen einen Vokal. Dabei werden die folgenden Silben gebildet:

| | | | |
|---|---|---|---|
| *bạ-bạ-bō* | *bạ-ạ-bū* | *ạ-bạ-bē* | *usw.* |
| *blạ-blạ-blō* | *blạ-blạ-blū* | *blạ-blạ-blē* | *usw.* |

*(Der Punkt unter dem Vokal signalisiert die Kürze, der Strich oberhalb die Länge des Vokals.)*

Wichtig ist, dass die Vokale deutlich ausgesprochen werden, die Lippen und die Zunge müssen die Vokale also deutlich ausformen. Dies spürt jeder Sprecher im Gesicht.

Viele Schüler fühlen sich bei diesen Übungen zunächst unwohl. Gehen Sie mit gutem Beispiel voran und stellen Sie sich in den Kreis der Übenden. Demonstrieren Sie die Übungen und artikulieren Sie ebenfalls überdeutlich.
Wenn Sie den Eindruck haben, dass die Schüler immer noch nicht locker sind, können die Schüler den Kopf leicht nach vorne neigen und beim Aussprechen der Silben den Kopf schütteln, dabei flattern dann die Wangen und Lippen.

Variationen:

- Die Schüler lassen die Zunge ganz locker an das obere Zahnfleisch anschlagen. So entsteht ein schnelles t-t-t-t-t. Stimmhaft wird daraus ein d-d-d-d-d. Erinnern Sie die Schüler immer wieder daran, die Zunge ganz locker zu lassen. Steigern Sie langsam die Geschwindigkeit.
- Setzen Sie Vokale zwischen die Laute:
  *ta-ta-ta-ta, to-to-to-to, ti-ti-ti-ti …*
  *ta-to-ti-te-tu, ta-to-ti-te-tu …*
- Wechseln Sie zwischen d und t:
  *ta-da-ta-da, to-do-to-do, ti-di-ti-di …*
  *ta-do-ti-de-tu-da-to-di-te-du …*

Übung:
Summen

Im Anschluss an die Atemübungen können Sie mit den Schülern auch Summübungen durchführen. Dabei entwickeln die Sprecher bei ruhiger, fließender Ausatmung einen vollen, tragfähigen weichen Ton. So summen die Schüler zum Beispiel beim langsamen Ausatmen ein langes *M* und spüren, dass die Stimmbänder sanft vibrieren.
Die folgenden Silbenverbindungen können in ähnlicher Weise ausgesprochen werden:

*mōnōmō mūnūmū mānāmā usw.*
*sōnōwō sūnūwū sānāwā usw.*

*(Der Strich oberhalb des Vokals markiert die Länge.)*

Schließen Sie ganze Sätze an, in denen die Schüler diese Laute summen können, z. B.: „*M*ilch *m*acht *m*üde *M*änner *m*unter.“ Es geht darum, dass die Schüler möglichst oft ein *M* sprechen und dieses fast übertrieben betonen.
Suchen Sie Beispiele aus der Lyrik, so dass die Schüler die Resonanz, die sie bei den Summübungen erfahren haben, auch an sinnvollen Wort- oder Satzbeispielen erproben können.

*Christian Morgenstern*

*Herr Meier hält sich für das Maß der Welt …*

*Herr Meier hält sich für das Maß der Welt.*
*Verständlich ist allein, was ihm erhellt.*

*Herr Meier sagt, wozu doch eure Kunst,*
*wenn nicht für mich! Sonst ist sie eitel Dunst.*

*Noch mehr, bei weitem mehr: Herr Meier meint,*
*dass dann die Kunst im Grunde sträflich scheint.*

*Man muss sich eiligst von Herrn Meier wenden,*
*um nicht mit Mord und Raserei zu enden.*

Sprechen Sie den Schülern die erste Strophe vor. Betonen Sie dabei vor allem das *M* und *W* sowie die Vokale. Die Schüler können in ähnlicher Weise nachsprechen.

Übung:
Zungenbrecher

Die folgenden Zungenbrecher können zur Auflockerung und Schulung der Artikulation verwendet werden:

- *Bayerische Bierbrauerburschen brauen bayerisches Braunbier.*
- *Der Kaplan klebt auf Paket Plaketten.*
- *Der Cottbusser Postkutscher putzt den Cottbusser Postkutschkasten.*
- *Es klappern die Klapperschlangen, bis ihre Klappern schlapper klangen.*
- *Fischers Fritz fischt frische Fische; frische Fische fischt Fischers Fritz.*

Wenn in der Schülergruppe ein angenehmes Klima herrscht, können Sie z. B. einen kleinen Schnellsprechwettbewerb veranstalten. Schreiben Sie dazu die fünf Zungenbrecher auf eine Folie und legen Sie diese auf den Tageslichtprojektor. Jeder Schüler sagt die fünf Sätze so schnell wie möglich auf. Stoppen Sie die Zeit und rechnen Sie für jeden Fehler eine Sekunde dazu. Wenn Sie möchten, notieren Sie die Zeiten in einer Klassenliste. Nach einer Woche können Sie den Wettbewerb wiederholen. Zwischenzeitlich haben vielleicht einige Schüler eifrig geübt. Sie werden staunen, wie schnell einige Schüler jetzt die Zungenbrecher aussprechen können. Lassen Sie diesen Wettbewerb doch durch zwei Schüler moderieren!
Gerade Zungenbrecher bieten sich in höheren Jahrgangsstufen dazu an, über die Wirksamkeit von Reden nachzudenken. Die Schwierigkeiten

in der Aussprache verdeutlichen nicht selten, dass die präzise Artikulation nicht nur für die Verständlichkeit von Bedeutung ist, sondern ebenso die Gesamtwirkung des Sprechers positiv beeinflusst. Denn ein deutlicher Sprecher wirkt eben auch sicher und überzeugend! Vor diesem Hintergrund wird für die Schüler in den höheren Jahrgangsstufen deutlich, dass vor allem in Meinungsreden der Inhalt einer Rede nur begrenzt mit der Wirksamkeit in ursächlicher Verbindung steht. Knappe Videomitschnitte aus Meinungsreden während einer Bundestagsdebatte können von dieser Einsicht ausgehend analysiert werden.

## *Flüsterübungen*

Flüsterübungen bieten Gelegenheit, die genaue Artikulation der Schüler zu fördern. Übungen, bei denen die Schüler flüstern, können vielfältig gestaltet werden. So können die Schüler zum Beispiel einen Flüstervortrag halten oder einen Text flüsternd vorlesen. Der Reiz dieser Übungen besteht darin, gerade noch verständlich zu flüstern.
In den unteren Jahrgangsstufen bieten sich Flüsterübungen an, die den Charakter von Spielen haben. Diese erhöhen die Motivation der Schüler und fördern so die Fähigkeit der Schüler, leise aber deutlich artikuliert zu sprechen. Grundsätzlich lassen sich die Übungen aber mit Teilnehmern jeder Altersstufe durchführen.
Die Flüsterübungen können auch als Vorbereitung oder Übung zur Förderung des Kooperativen Lernens dienen. Dann wird im Anschluss an solche Übungen in Partner- oder Gruppenarbeit an thematischen Unterrichtsfragen gearbeitet, wobei die Schüler sich nur flüsternd austauschen. Viele Übungen zum Flüstern und leisen Sprechen lassen sich grundsätzlich mit Aktivitäten zur Teamentwicklung kombinieren und müssen nicht ausschließlich im Zusammenhang mit der Artikulationsförderung gesehen werden. Leise miteinander zu arbeiten, das ist eben auch eine Basisfähigkeit für erfolgreiches Kooperatives Lernen im Klassenverband.

Übung:
Vor der Klasse flüstern

**Jahrgangsstufe:** 5–7
**Ziele:**
- Erkennen, dass die Artikulation für die Verständlichkeit wichtig ist
- Reflexion über Artikulation

**Sozialform:** Klassenübung
**Zeitumfang:** variabel
**Material:** möglichst vorbereitete Referate

Im Klassenraum oder in einem noch größeren Raum können die vortragenden Schüler vor der Klasse mit möglichst leiser Stimme sehr verständlich sprechen.
Es bietet sich an, dass die Schüler vorbereitete Kurzvorträge flüsternd vortragen. Deshalb lässt sich diese Übung gut mit einführenden Übungen zum Vortragen kombinieren (vgl. Kap. 4).
In einer sich anschließenden Auswertung im Klassengespräch werden die Schüler in der Regel erkennen, dass vor allem die eigentliche Artikulation für das Verstehen von Bedeutung ist, weniger die Stimmkraft. Diese Flüsterübung kann deshalb auch am Anfang einer kleinen Übungseinheit zur Artikulation stehen. Ausgehend von dieser Einsicht bekommen die Übungen zur Artikulation eine Bedeutung, die sich unmittelbar aus den Einsichten der Schüler ergeben.

Übung:
Flüsterinterviews

**Jahrgangsstufe:** 5–7
**Ziele:**
- Erkennen, dass die Artikulation für die Verständlichkeit wichtig ist
- Verbesserung der Artikulation
- Leises Sprechen in Partnerarbeit

**Sozialform:** Partnerarbeit
**Zeitumfang:** 5–10 Minuten
**Material:** – – –

Jeweils zwei Schüler sitzen im Abstand von etwa zwei Metern gegenüber. Der Schüler A gibt seinem Partner B flüsternd eine Anweisung. So könnte er z. B. sagen: „Bitte verschränke deine Arme vor der Brust.“ Partner B muss dann flüsternd nachfragen, bevor er die Bitte erfüllt: „Habe ich dich richtig verstanden? Soll ich meine Arme vor der Brust verschränken?“ Schüler A muss genau zuhören und angemessen auf die Rückfrage von Schüler B wieder flüsternd antworten: „Ja, du sollst die Arme verschränken, aber vor deiner Brust.“

Übung:
Flüsterpost

**Jahrgangsstufe:** 5–7
**Ziele:**
- Erkennen, dass die Artikulation für die Verständlichkeit wichtig ist

- Verbesserung der Artikulation
- Leises Sprechen in Partnerarbeit

**Sozialform:** Gruppenarbeit und Klassenübung
**Zeitumfang:** 15 Minuten
**Material:** Flüsterverse auf Kärtchen (M 3)

In Anlehnung an das bekannte Kinderspiel Stille Post wird die Klasse in zwei gleich große Gruppen geteilt. Die Gruppen stellen sich so im Kreis auf, dass eine Gruppe den Innenkreis bildet, die andere Gruppen den Außenkreis. Zunächst erhält ein Gruppenmitglied des Außenkreises eine Karte mit einem Satz oder Vers, der geflüstert werden soll. Die Gruppe versucht, diesen Satz durch den gesamten Kreis zu flüstern, ohne dass die andere Gruppe ihn verstehen kann.
Im zweiten Durchgang bekommt der Innenkreis einen Satz bzw. Vers und wird von den im Außenkreis stehenden Schüler belauscht. Am Ende wird der Satz oder Vers dem Spielleiter zugeflüstert. Gewonnen hat die Gruppe, die die meisten Verse fehlerfrei und unbelauscht weiterflüstern konnte.

Variation:

Alternativ kann diese Übung auf Zeit gespielt werden. Die Gruppe, die am schnellsten die Nachricht im Kreis verbreitet hat, hat gewonnen – sofern keine Übertragungsfehler aufgetreten sind und die gegnerische Gruppe nichts verstanden hat.

## *Verhindertes Artikulieren*

**Jahrgangsstufe:** 5–7
**Ziele:**
- Gefühl für die eigene Artikulation entwickeln
- Ausdrucksfähigkeit verbessern

**Sozialform:** Einzelübung/Klassenübung
**Zeitumfang:** 5–10 Minuten
**Material:** Korken für jeden Schüler

Die folgende Übung ist relativ bekannt: Die Schüler erhalten einen Korken. Diesen klemmen sie zwischen die Zähne und lesen dabei einen beliebigen Text etwa drei bis fünf Minuten laut vor. Im Anschluss an diese Übung können die Schüler darüber nachdenken, welche Schwierigkeiten sie bei dieser Übung hatten. In der Regel werden die Schüler berichten, dass die eigentliche Aussprache durch den Korken erheblich erschwert wird. Die Bewegungen des Mundes müssen viel deutlicher ausgeführt werden, wenn noch verständlich gesprochen werden soll. Das Sprechtempo wird automatisch verlangsamt.

Wenn alle Schüler diese Übung gleichzeitig durchführen, wird es in der Klasse relativ laut. Es ist ebenfalls möglich, diese Übung als Hausaufgabe zu erteilen. Die Schüler berichten dann in der Schule über ihre Erfahrungen. Der Arbeitsauftrag könnte lauten:

a) Wählen Sie einen beliebigen Schulbuchtext aus.
b) Lesen Sie diesen Text mit einem Korken im Mund etwa drei bis fünf Minuten lang deutlich vor.
c) Den Korken müssen Sie mit den Zähnen halten. Sie bemühen sich darum, ihn nicht zu verlieren und dennoch deutlich zu sprechen. Dabei wird die Zunge ständig gegen den Korken stoßen. Sie werden gezwungen sein, den Mund und die Zunge sehr kräftig zu bewegen, um noch deutlich zu sprechen.
d) Notieren Sie, welche Erfahrungen Sie bei der Übung gemacht haben, so dass Sie in der Klasse davon berichten können.

Dieser Übung eilt der Ruf voraus, dass sie – bei entsprechender täglicher Übung – zur Verbesserung der Aussprache führt. Aber auch hier gilt das oben Gesagte: Die sprachheilpädagogische Therapie gehört in die Hände von Logopäden.

## *Den sprecherischen Ausdruck verbessern*

Die zuvor gemachten Übungen dienen der Förderung des Sprechausdrucks. Er ist die Gesamtheit der Mittel, mit denen ein geschulter Sprecher sein Sprechen beeinflussen kann. Häufig ist zu lesen, dass Schüler bzw. Vortragende während eines Referates ihre Stimme in dieser oder jener Weise modulieren sollten. Gegen diese Forderung gibt es sachlich keinen Einwand. Problematisch wird diese Forderung erst dann, wenn die Schüler diese Fähigkeit nicht besitzen bzw. wenn sie nicht in der Lage sind, bewusst die Mittel des Sprechausdrucks einzusetzen. Wenn der bewusste Einsatz des Sprechausdrucks als Kriterium für einen gelungenen Vortrag herangezogen wird, dann sollte dieser unbedingt im Unterricht thematisiert und zumindest in Ansätzen eingeübt werden. Denn nur so hat ein Vortragender, der aufgrund seines gleichförmigen Sprechausdrucks die Zuhörer kaum in seinen Bann zu ziehen vermag, die Gelegenheit, sich dieser persönlichen Schwäche bewusst zu werden und sie ggf.

zu beheben. Didaktisch muss jedoch beachtet werden, dass die Stimme wegen der starken Einbindung des Kehlkopfes in das autonome Nervensystem für eine allzu unmittelbare Steuerung nicht geeignet ist. Die Aufforderung an einen Schüler, lauter, tiefer oder mit absichtlicher Tonhöhenmodulation zu sprechen, ist völlig undidaktisch. Aufgrund des natürlichen Zusammenhangs zwischen dem Kehlkopf und dem autonomen Nervensystem ist eine willentliche Steuerung der Stimme in einer komplexen Redesituation, wie sie zum Beispiel ein Vortrag darstellt, für ungeschulte und -geübte Sprecher kaum zu realisieren. Eine Überbewertung des Aspektes Stimme sollte deshalb unterbleiben.

In der Rhetorik lassen sich vier Sprechausdrucksmittel unterscheiden:

- artikulatorische Mittel (z. B. deutliche Lautkombination)
- klanglich-melodische Mittel (z. B. Stimmlage, Stimmklang, Stimmmelodie)
- dynamische Mittel (z. B. Intensität, Lautstärke, Betonung)
- zeitliche Gliederung (z. B. Sprechtempo, Pausen)

Mithilfe dieser Mittel kann der geübte Sprecher seiner Aussage eine bestimmte Bedeutung geben. Darüber hinaus kann er auch seine Einstellungen, seelischen Befindlichkeiten oder Wünsche zum Ausdruck bringen.

Nehmen wir die folgende Aussage: *„Morgen gibt Herr Peters die Englischarbeit zurück."*

Ein Sprecher kann diesen Satz freundlich aussprechen, wenn er z. B. eine gute Leistung erwartet. Sind Englischarbeiten für einen Sprecher hingegen negativ besetzt, so wird er dies durch die Betonung hörbar machen. Auch den Beziehungsaspekt kann der Sprecher ausdrücken, wenn er den Namen des Lehrers bewusst betont. Der Sprechausdruck prägt wesentlich den Sinn des Gesagten. Die Schüler können erkennen, dass nicht allein wichtig ist, *was* gesagt wurde, sondern dass in manchen Fällen sogar noch wichtiger ist, *wie* etwas gesagt wurde.

Inwiefern der Sprecher seinen Ausdruck bewusst einzusetzen versteht, ist eine Frage der sprecherischen Kompetenz. Schüler verfügen häufig über beachtliche Ausdrucksmittel. Sie sind sich ihrer aber kaum bewusst und können sie nur eingeschränkt gezielt einsetzen.

Schuldidaktisch sinnvoll ist es, wenn Sie als Lehrkraft den Schwerpunkt auf verschiedene Sprechausdruckshaltungen legen, d. h. Sie geben an, in welcher Stimmung (z. B. fröhlich) oder mit welcher Kommunikationsabsicht (z. B. Bitte, Frage, Befehl) die Schüler eine Aussage realisieren. Soll der Sprecher niedergeschlagen oder heiter wirken? Diese Stimmung oder Haltung vermag ein Schüler durchaus mit seiner Stimme zu vermitteln. Wenn er aber den Hinweis bekäme, dieselbe Stimmung durch einen flachen bzw. größeren Tonhöhenwechsel zu verdeutlichen, wäre ihm dies vermutlich nicht mehr möglich.

Mit den folgenden Übungen lernen die Schüler Bedeutung, Mittel und Wirkungen des Sprechausdrucks kennen und erhalten Hinweise zur Verbesserung des eigenen Ausdrucks.



Übung:
Sprechcollagen

**Jahrgangsstufe:** 8–13
**Ziel:** Verbesserung des Sprechausdrucks
**Sozialform:** Klassenübung
**Zeitumfang:** variabel
**Material:** M 4 – M 6

Die Schüler stellen sich im Kreis auf. Die Lehrkraft gibt einen Satz vor, z. B. den oben bereits angeführten Hinweis auf die Rückgabe der Englischklausur: *„Morgen gibt Herr Peters die Englischarbeit zurück."* Die Teilnehmer modulieren nun den Sprechausdruck, wenn sie diese Aussage der Reihe nach sprechen:

Diese Übung kann zunächst im Klassenverband durchgeführt werden:

- gereizt
- nachdenklich
- melancholisch
- fröhlich
- aggressiv
- traurig
- verzweifelt usw.

Damit nicht alle Schüler denselben Satz sprechen, sollten Sie sich zuvor weitere Sätze überlegen (etwa vier bis fünf). Die Aussagen könnten wie folgt lauten:

- *„Bei uns gab's gestern Spinatlasagne."*
- *„Mein Bruder studiert in den USA."*
- *„Ich fahre im Sommer wieder mit meinen Eltern nach Schottland."*
- *„Thomas und Pascal kommen nachher vorbei."*

In einer zweiten Runde können Sie auch auf Zuruf das Sprechausdrucksmittel oder die Sprechausdruckshaltung vorgeben, die die Schüler berücksichtigen sollen.
Möglich ist, dass die Schüler frei wählen, welchen Sprechausdruck sie realisieren. Die anderen Schüler können dann kurz zurückmelden, welche Besonderheit beim Ausdruck deutlich geworden ist und wie sich dies auf die Bedeutung der Aussage ausgewirkt hat. Beispielsweise nehmen die Schüler wahr, dass der Sprecher diesen Satz in einer traurigen Sprechausdruckshaltung gesprochen hat, ein anderer in einer eher aggressiven usw.
Diese Übung lässt sich nach einer Plenumsphase gut in Kleingruppen mit etwa vier Schülern durchführen. So erhalten alle Schüler ausreichend Gelegenheit, ihre sprachlichen Ausdrucksmöglichkeiten zu erproben und eine Rückmeldung von den Zuhörern zu bekommen.
Dazu können die Kopiervorlagen M 4 – M 6 eingesetzt werden. Nachdem die Schüler das Beispiel von M 4a und M 4b durchgeführt haben, können die Kärtchen von M 5 und M 6 zum Einsatz kommen. Nacheinander ziehen die Schüler je eine Satzkarte sowie eine Sprechausdruckskarte und kombinieren diese zu einer Aussage, wie sie bei M 4a und M 4b geübt haben.

Übung:
Telefonbuch lesen

**Jahrgangsstufe:** 8–13
**Ziele:** – Sprechausdruck bewusst einsetzen
– Bewusstsein für die Schwierigkeiten im Sprechausdruck entwickeln
**Sozialform:** Einzelübung vor der Klasse oder in Kleingruppen
**Zeitumfang:** variabel
**Material:** Telefonbücher, Rollenkärtchen (M 7)

Die Schüler lesen aus einem Telefonbuch eine beliebige Spalte vor. Sie bekommen aber zuvor von der Lehrkraft jeweils einen Hinweis, in welcher emotionalen Stimmung oder in welcher Situation sie sich gerade befinden. Mögliche Rollen/Situationen finden Sie auf M 7.
Diese Übung macht den Schülern erfahrungsgemäß viel Spaß. Dennoch bereitet es den Vortragenden mitunter erhebliche Mühe, den Sprechausdruck angemessen zu realisieren, denn Inhalt und Ausdruck bedingen sich wechselseitig.
Da bei dieser Übung der Text im Grunde kontextfrei und somit sinnlos ist, müssen sich die Sprecher auf den eigentlichen Sprechausdruck konzentrieren.

Variation:

Wenn der Lehrer jede Rolle auf ein kleines Kärtchen geschrieben hat und die jeweils vortragenden Schüler diese verdeckt ziehen, können die Zuhörer erraten, welche der Sprecher simuliert hat. Dies erhöht die Aufmerksamkeit der Zuhörer.

Übung:
Texte gegen den Strich lesen

**Jahrgangsstufe:** 8–13
**Ziele:** – Sprechausdruck bewusst einsetzen
– Bewusstsein für die Schwierigkeiten im Sprechausdruck entwickeln
**Sozialform:** Gruppenarbeit
**Zeitumfang:** variabel
**Material:** unterschiedliche Texte, ggf. Rollenkärtchen (M 7)

Diese Übung gleicht der vorherigen, nur tragen die Schüler jetzt zusammenhängende Texte vor und variieren dabei die Sprechhaltung. Die Schüler erhalten den Auftrag, einen zusammenhängenden Text in einer bestimmten Sprechhaltung vorzutragen. In Kleingruppen mit drei oder vier Schülern werden die Texte in der jeweiligen Sprechhaltung erprobt und vorgetragen. Die anderen Teammitglieder äußern sich zu der Wirkung der realisierten Sprechhaltung.
Wenn die Unterrichtszeit ausreicht, können einzelne Beiträge anschließend im Plenum vorgetragen werden.
In der Auswertungsphase können die Schüler die Merkmale, die in der Sprechhaltung sichtbar wurden, in den Blick nehmen:

- Fußballreporter während einer spannenden Übertragung: gehetzt, abgehackt, schnell, Auslassungen, Ausrufe, Stimme zum Teil sich überschlagend, Sprechmelodie nicht abgeschlossen usw.
- Redner während der Karnevalssitzung: sich wiederholende Satzmelodie, die auf Pointe hin ausgerichtet ist, kurze Sprecheinheiten, Pausen für Tusch oder Applaus, ggf. dialektale Färbung, ironisches Spiel mit Tonhöhe usw.
- Gratulant auf Geburtstags- oder Feierrede: bedächtiges, d. h. langsames Sprechen, unmittelbarer Blickkontakt mit Zuhörern, ruhige Atmung, ruhiger Sprechfluss, betonter Abschluss als Toast auf den Gastgeber usw.

Die Schüler bereiten einen bereits auswendig gelernten Text, z. B. ein Gedicht, vor. Ebenso kann ein beliebiger kurzer, leicht verfügbarer Text eingesetzt werden. Als Ausgangsmaterial eignen sich Texte aus der Tageszeitung, aber auch aus einem Chemiebuch über die Aggregatzustände von Stoffen oder aus der Schulordnung die Artikel 1 und 2.

Variation:

Wenn Sie bei dieser Übung auf die Besonderheit von Texten in Boulevardzeitungen eingehen möchten, dann bieten sich besonders Sensations- oder Sportberichte, aber auch Horoskoptexte an. Durch die Änderung der Sprechhaltung wirken die Vorträge dann mitunter ironisierend oder kabarettartig. Das erhöht zum einen die Motivation, verdeutlicht aber auch die journalistischen Eigenarten der Boulevardpresse. In diesem Kontext kann diese Übung auch als Ausgangspunkt einer Unterrichtseinheit zur Kritik journalistischer Textsorten eingesetzt werden.

## Stimme und Artikulation: Milch macht müde Männer munter

**M 1 Übungsfolge**

1. Stellen Sie sich aufrecht hin. Die Beine sind etwa hüftbreit auseinander. Die Arme und Schultern hängen entspannt herab. Stellen Sie sich vor, Ihr Kopf würde am höchsten Punkt mit Hilfe eines Fadens nach oben gezogen werden.
2. Jetzt entspannen Sie noch die Nackenmuskeln. Lassen Sie dazu den Kopf langsam und vorsichtig kreisen. Bewegen Sie zunächst die linke Schulter kreisförmig, ändern Sie die Bewegungsrichtung. Bewegen Sie jetzt die rechte Schulter und ändern Sie auch dort die Richtung. Federn Sie anschließend leicht auf den Füßen, so dass Sie immer von der Ferse zu den Zehen rollen. Finden Sie jetzt eine feste Position, um sicheren Kontakt zum Boden zu haben.
3. Anschließend neigen Sie den Kopf ganz leicht nach hinten und atmen Sie mit geschlossenem Mund langsam und tief durch die Nase ein. Die Lungen füllen sich vollständig. Es geht nichts mehr hinein. Sie spüren jetzt, dass eine kräftige Luftsäule vom Hals bis zum Bauch da ist. Spüren Sie die Spannung? Dann lassen Sie die Luft langsam und leise aus dem nur leicht geöffnetem Mund entweichen. (Diese Übung sollte zwei- bis dreimal wiederholt werden.)
4. Während Sie ausatmen, summen Sie bitte langsam ein langes *M*. Wichtig ist, dass die Stimmbänder sanft vibrieren und dabei langsam warm werden. (Wer kann am längsten summen, ohne erneut Luft zu holen?)
5. Jetzt wird es spannend: Wenn Sie ausatmen, sprechen Sie bitte deutlich und nicht zu schnell den folgenden Satz, während Sie die Luft langsam ausströmen lassen:
   „*M*ilch *m*acht *m*üde *M*änner *m*unter."
   Es geht darum, dass Sie möglichst oft ein *M* sprechen und dieses dabei fast übertrieben betonen.
6. Sprechen Sie jetzt im Kreis einen Mitschüler an. Machen Sie dabei eine beliebige Aussage, die Sie allerdings nur flüstern dürfen. Der Angesprochene wiederholt die Formulierung, spricht dann einen weiteren Schüler namentlich an und macht ebenfalls eine beliebige Aussage. Der jetzt angesprochene Mitschüler wiederholt die Aussage und spricht einen weiteren Schüler an usw.
   Wichtig ist dabei, dass Sie die Stimme in der ganzen Zeit nicht anheben. Das Sprechen muss für Sie ohne stimmliche Anstrengung, aber deutlich auf den Hörer gerichtet sein.
   Wenn jeder ein- oder zweimal geflüstert hat, ist die Übungsfolge beendet.

## Stimme und Artikulation: Lockerung

**M 2 Übungsfolge**



1. Stellen Sie sich aufrecht hin. Die Beine sind etwa schulterbreit auseinander. Die Arme und Schultern hängen entspannt herab.
2. Halten Sie den Mund geschlossen, aber stülpen Sie Ihre Lippen ganz leicht und locker nach außen. Jetzt blasen Sie die Luft so aus, dass die locker aufeinanderliegenden Lippen vibrieren und ein Laut entsteht, der fast wie das Schnauben eines Pferdes klingt. Wiederholen Sie diese Übung einige Male und lassen Sie die Lippen auf diese Weise ganz locker werden. Wenn Sie verspannt sind, werden die Lippen kaum vibrieren. Oft gelingt die Übung bei leicht vorgeschobenem Unterkiefer besser. Wenn die Gesichtsmuskeln noch nicht locker genug sind, können Sie die Zeigefinger leicht in die Wangen drücken und wie beschrieben die Luft auspusten. Die Vibration der Lippen spüren Sie in der gesamten unteren Gesichtshälfte.
3. Nachdem Sie die Lippen gelockert haben, sprechen Sie bitte die Buchstaben *p* und *b*, z. B. in Wörtern wie Pop, Bob, Top, Bobbes, Pepe, Pappe. Die Lippen sollen einen klaren, explosiven Laut formen. (Der Übungsleiter spricht die Wörter vor und die anderen sprechen sie im Chor nach.)
4. Sprechen Sie zum Schluss einige Zungenbrecher, in denen oft die Buchstaben *p, b, t, d* und *k* vorkommen. Wer möchte, kann beim Sprechen der Sätze seine Handfläche flach vor den Mund halten. Jeder kursiv gedruckte Buchstabe sollte einen spürbaren Lufthauch auslösen. Konzentrieren Sie sich auf jeden Laut. Achten Sie auf eine überdeutliche Aussprache. Machen Sie also übertriebene Mund- und Lippenbewegungen, wenn Sie die Wörter bilden.

*P*a*p*a *p*rüft *P*e*p*es *p*inken *P*orsche.

*T*ro*t*zig *t*räg*t* die *t*olle *T*ina *t*ausend *t*olle *T*ulpen.

*B*lau*b*eeren sind *B*lau*b*eeren und *B*rautkleider sind *B*rautkleider.

**Stimme und Artikulation: Flüsterpost** | **M 3 Kopiervorlage**

| | |
|---|---|
| Denk ich an Deutschland<br>in der Nacht,<br>dann bin ich<br>um den Schlaf gebracht.<br>*Heinrich Heine* | Nicht da ist man daheim,<br>wo man seinen Wohnsitz hat,<br>sondern wo man<br>verstanden wird.<br>*Christian Morgenstern* |
| Alles, was zu dumm ist,<br>um gesprochen zu werden,<br>wird gesungen.<br>*Voltaire* | Die englische Schulausbildung<br>ist die beste der Welt –<br>falls man sie überlebt.<br>*Peter Ustinov* |
| Böse Diebe klauten Waren,<br>böse die Beklauten waren.<br>*Günter Nehm* | Wer die Schönheit<br>angeschaut mit Augen,<br>wird für keinen Dienst<br>auf Erden taugen.<br>*Ludwig Harig* |
| Es gibt nichts Gutes,<br>außer: Man tut es.<br>*Erich Kästner* | Die schärfsten Kritiker der Elche<br>waren früher selber welche.<br>*F. W. Bernstein* |

## Stimme und Artikulation: Sprechcollagen

**M 4a Übungsfolge**



In der folgenden Übung können Sie erfahren, welche Möglichkeiten Ihre Stimme bietet, um bei der gleichen Aussage eine unterschiedliche Botschaft zu vermitteln.

1. Finden Sie sich in Gruppen zu vier Schülern zusammen und setzen Sie sich so hin, dass alle Blickkontakt haben.
2. Im Folgenden sind verschiedene Aussagen vorgegeben. Jeder von Ihnen spricht zunächst die erste Aussage in einer bestimmten Stimmung (Sprechausdruckshaltung) der Gruppe vor. Nacheinander wiederholt jeder die gleiche Aussage, aber der jeweils nächste Sprecher verändert den Sprechausdruck. Das bedeutet, dass Sie beim jeweils gleichen Satz eine andere Stimmung deutlich machen.
   Es geht also allein um die Schulung des Sprechausdrucks, der Inhalt der Aussage soll nicht verändert werden.
3. Die anderen Gruppenmitglieder können erraten, welche Stimmung der Sprecher gewählt hat. Wenn sich bei dieser Übung die Rückmeldungen der Zuhörer sehr stark von der Einschätzung des Sprechers unterscheiden (statt traurig wirkte die Aussage nervös), kann der Sprecher seine Ausdrucksweise erneut verändern und die Gruppenmitglieder geben erneut Rückmeldung, so dass der Sprecher seinen Ausdruck besser einzuschätzen vermag.

Beispiel: *„Ich fahre in den Ferien mit meinen Eltern nach Frankreich."*

Mögliche Stimmungen:

- Sie sind *wütend*, denn Sie möchten lieber mit Freunden in Urlaub fahren.
- Sie *freuen* sich, denn Sie fahren gerne nach Frankreich.
- Sie sind *genervt*, denn Urlaub bedeutet für Sie Langeweile.
- Sie sind *aggressiv*, denn die Fahrt dauert so lange.
- Sie sind *nachdenklich*, denn Sie wissen selbst noch nicht, ob Sie das gut finden sollen.

## Stimme und Artikulation: Sprechcollagen

**M 4b Kopiervorlage**

Überlegen Sie zunächst alleine:

Die Stimme kann in den Bereichen (a) Lautstärke, (b) Betonung, (c) Sprachtempo und (d) Melodie beschrieben werden. Wie haben Sie die Stimme verändert, um eine bestimmte Stimmung zum Ausdruck zu bringen? Wann ist sie lauter oder leiser geworden? Welche Wörter haben Sie betont, wenn Sie aggressiv gesprochen haben?

Die Auswertung kann mit der folgenden Tabelle erfolgen. Es ist vielleicht hilfreich, wenn Sie den Satz in jede Zeile der Tabelle eintragen. Markieren und beschriften Sie die Besonderheiten der Betonung in den unterschiedlichen Stimmungen.

| **Stimmung** | **Eigenarten der Stimme**<br>**(a) Lautstärke, (b) Betonung, (c) Sprachtempo, (d) Melodie** |
|---|---|
| *wütend* | *Ich fahre …* |
| *freudig* | |
| *genervt* | |
| *aggressiv* | |
| *nachdenklich* | |
| | |

**Auswertung:**

Tauschen Sie in der Gruppe die Beobachtungen und Erfahrungen aus.

- Wo gibt es Übereinstimmungen?
- Welche Wörter werden in welcher Stimmung besonders betont?
- Wo haben Sie Schwierigkeiten bei der Beschreibung der Stimme?

Nutzen Sie auch die Formulierungen von M 5 und M 6 für diese Übung.

| | |
|---|---|
| Sie sind gereizt. | Sie sind aggressiv. |
| Sie sind nachdenklich. | Sie sind traurig. |
| Sie sind melancholisch. | Sie sind verzweifelt. |
| Sie sind fröhlich. | Sie sind erleichtert. |

| | |
|---|---|
| Ich gehe am Samstag mit Marcel ins Kino. | Ihr Besuch bei uns hat nicht lange gedauert. |
| Sarah hat seit gestern ein neues Outfit. | Bei uns gab's gestern Spinatlasagne. |
| Mein Bruder studiert in den USA. | Thomas und Pascal kommen nachher vorbei. |
| Zum Geburtstag hab ich eine DVD bekommen. | Wegen der Hausauf-gaben gehe ich nicht zum Klavier-unterricht. |

**Stimme und Artikulation: Telefonbuch lesen**

**M 7 Kopiervorlage**

| | |
|---|---|
| Redner während der Karnevalssitzung | Pfarrer während der Predigt |
| Politiker bei einer Wahlkampfrede | Fisch anpreisender Marktschreier |
| Nachrichtensprecher im Fernsehen | Unteroffizier gegenüber Soldaten |
| Klatschtante am Telefon | Pfarrer während einer Beerdigung |
| Verliebter am Telefon | Fußballreporter während einer spannenden Übertragung |
| Gratulant einer Geburtstags- oder Feierrede | Verkäufer auf einer Werbeveranstaltung für Wärmedecken |

# 3. Freies Sprechen

## 3.1 Einführung

Wenn Ihre Schüler mit der Präsentation von Ergebnissen oder mit dem freien Vortrag schon sehr vertraut sind, dann werden Sie in einer Unterrichtsreihe nur wenige der folgenden Übungen durchführen müssen. Haben Sie jedoch eine Lerngruppe neu übernommen und sind mit den Vortragsleistungen insgesamt noch nicht sehr zufrieden, dann können die hier aufgeführten Vorschläge dazu beitragen, die evtl. noch bestehende Redeangst der Schüler abzubauen, und Sie können den freien Vortrag in der Lerngruppe als Teil Ihrer Unterrichtskultur etablieren.
Unabhängig von den Übungsvorschlägen gilt, dass die Schüler möglichst häufig die Gelegenheit erhalten sollten, vor der Klasse oder einer Teilgruppe vorzutragen. Lassen Sie deshalb immer wieder Hausaufgaben oder Ergebnisse aus Einzel- oder Gruppenarbeitsphasen bewusst vor der Klasse als Kurzvortrag vorstellen.
Bedenken Sie: Schüler, die sitzend und von ihrem Platz aus vortragen, werden um eine leicht zu realisierende Übungsmöglichkeit gebracht. Bestehen Sie deshalb darauf, dass die Schüler in einer frontalen Situation – also vor der Klasse stehend – vortragen. Unsichere Schüler, vor allem in den unteren Jahrgangsstufen, können auch zu zweit vortragen.

## 3.2 Übungen

### *Hinführungen*

Übung:
Den Partner vorstellen

**Jahrgangsstufe:** 5–13
**Ziele:** – Aufmerksam zuhören
– Anschließend vor der Gruppe sprechen
**Sozialform:** Partnerarbeit und Vortrag vor dem Plenum oder der Gruppe
**Zeitumfang:** 45 Minuten
**Material:** ggf. Stichwortkärtchen

Diese Übung eignet sich besonders gut für neu konstituierte Lerngruppen, z. B. in den ersten Wochen des fünften Jahrgangs, aber ebenso gut in Jahrgangsstufe 11.
Im Klassengespräch oder in einer Kleingruppe wird zunächst gesammelt, welche Informationen die Schüler in einem Partnerinterview über sich mitteilen bzw. erfragen möchten.
Das können z. B. folgende Informationen sein: Name und Vorname, Alter, Geschwister, Wohnort, vorherige Schule, Lieblingsmusik, Hobbys (z. B. sportliche Aktivitäten), Lieblingsessen, Stärken etc.
Die Schüler bilden jeweils ein Paar (Zufallsauslosung ist sinnvoll) und befragen sich gegenseitig im Zweierinterview. Dann stellen sich die Partner vor der gesamten Lerngruppe gegenseitig vor.
In unteren Jahrgangsstufen sollte die Lehrkraft diese Übung einmal demonstrieren, insbesondere wenn die Lerngruppe noch sehr unsicher wirkt. So wirkt die Lehrkraft als Modell. Die Schüler können sich an diesem Beispiel orientieren.

Variationen:

- Die Paare stellen sich zunächst in Vierergruppen untereinander vor. Erst anschließend werden einige Schüler ihren Partner der gesamten Klasse vorstellen. So müssen grundsätzlich alle Schüler reden bzw. vortragen. Allerdings stellen nur einige Schüler ihre Interviewpartner auch im Plenum vor.
- Jeweils drei Schüler arbeiten wie oben beschrieben zusammen. Sie stehen gemeinsam bei der Vorstellung vor der Klasse und stellen einen anderen Schüler aus der Dreiergruppe vor. Der Vorteil dieser Variante besteht darin, dass die Schüler weniger Hemmungen haben werden, da zu dritt die Redeangst geringer ist.
- Die Schüler erhalten eine DIN-A6-Karteikarte und notieren sich Stichworte zu ihrem Partner. Dies erleichtert das Vortragen. Allerdings konzentrieren sich bei dieser Variante die Schüler während des Interviews erfahrungsgemäß nicht so gut auf den Partner. Auch der Blickkontakt zum Publikum nimmt mitunter ab.
- Soll das Einfühlungsvermögen der Schüler gefördert werden, können die Vortragenden aus

der Rolle des Partners berichten. Dazu setzt sich der Befragte z. B. auf einen Stuhl, der Interviewer stellt sich hinter den Befragten und spricht dann in der Ich-Form. Diese Variante eignet sich vorwiegend für höhere Jahrgangsstufen (ab Klasse 8).

Eine Beurteilung der Vortragsleistung sollte bei dieser Übung unterbleiben. Allerdings kann am Ende der Vorstellungsrunde gemeinsam mit den Schülern überlegt werden, welche Dinge bei einem guten Vortrag zu beachten sind. So lassen sich Beurteilungskriterien gewinnen, die für weitere Vorträge als Orientierung dienen können.

➡ Übung:
Auf einen Anrufbeantworter sprechen

**Jahrgangsstufe:** 5–7
**Ziel:** Formulierungsgeschick und flüssiges Sprechen einüben
**Sozialform:** Partner- oder Gruppenarbeit
**Zeitumfang:** 45 Minuten, mitunter auch länger
**Material:** ggf. ein Aufnahmegerät, Kassettenrekorder oder Diktiergerät pro Gruppe

Die Schüler bekommen die Aufgabe, eine Nachricht auf einem Anrufbeantworter zu hinterlassen. Im ersten Schritt stellt die Lehrkraft der Klasse die folgenden Situationen vor:

- Situation 1:
  Deine Freundin/dein Freund hat heute Geburtstag. Du möchtest ihr/ihm gratulieren und rufst sie/ihn an. Es meldet sich nur der Anrufbeantworter der Familie.
- Situation 2:
  Du möchtest eine Freundin/einen Freund zu deinem Geburtstag einladen. Leider geht niemand ans Telefon und nach kurzer Zeit schaltet sich der Anrufbeantworter ein.
- Situation 3:
  Du bist zu einer Geburtstagsfeier bei einer Klassenkameradin/einem Klassenkameraden eingeladen. Leider kannst du nicht kommen, da du deine jüngere Schwester im Krankenhaus besuchen musst.

Im zweiten Schritt wird deutlich gemacht, dass jede gelungene Nachricht auf einem Anrufbeantworter aus unverzichtbaren Elementen besteht, wie zum Beispiel der Begrüßung.

Anschließend werden die Schüler aufgefordert, in Einzelarbeit aufzuschreiben, aus welchen Elementen eine Nachricht auf dem Anrufbeantworter bestehen sollte. Danach tauschen sich die Schüler in den Kleingruppen über ihre Ergebnisse aus und tragen diese zusammen.

Im Klassengespräch werden die Gruppenergebnisse vorgestellt und an der Tafel gesammelt. In der Regel erarbeiten die Schüler, dass die Nachrichten folgende Merkmale beinhalten: Begrüßung, Name, Datum und Uhrzeit, Anlass des Anrufs, Grund des Anrufs/eigentliche Mitteilung, Verabschiedung.

In der Anwendungssituation einigen sich die Schüler einer Gruppe auf eine der drei Situationen, für die sie eine Nachricht auf dem Anrufbeantworter entwickeln sollen. Anschließend werden die Schüler aufgefordert zu überlegen, wie die Nachricht formuliert werden kann. Dabei sollten sie die zuvor gesammelten Aspekte einer guten Mitteilung auf einem Anrufbeantworter berücksichtigen.
In Abhängigkeit vom Leistungsvermögen der Schüler kann es hilfreich sein, dass die Schüler sich Notizen machen oder ggf. den Text ausformulieren.

Zunächst trägt jeder Schüler seinen Text in der Kleingruppe vor. Anschließend findet eine Reflexion in den Kleingruppen statt. Die Teammitglieder fungieren als Berater für die Sprecher. Wichtig ist, dass sie dabei vor allem die positiven Aspekte hervorheben und jeweils nur einen Verbesserungsvorschlag machen. Die Aufgabe für die Reflexionsphase könnte wie folgt lauten:
*Suche pro Text jeweils ein bis zwei positive Aspekte, die dir aufgefallen sind. Was ist den verschiedenen Sprechern gut gelungen?*

In der nächsten Runde sprechen die Schüler ihre Texte auf ein Aufzeichnungsgerät.
Es ist sinnvoll, dass zunächst die Texte aller Gruppenmitglieder aufgezeichnet werden. Danach werden alle Beiträge angehört. Der jeweilige Sprecher sollte seinen eigenen Eindruck zuerst äußern dürfen. Im Anschluss daran sind Hinweise der Teammitglieder erlaubt. Aber auch hier gilt: Die positiven Seiten sollten in den Mittelpunkt gestellt werden.
Besonders gelungene Beispiele könnten im Plenum vorgetragen und besprochen werden. Ebenso gut möglich ist aber auch die Auswahl der Beispiele nach dem Zufallsprinzip. Letzteres erhöht häufig die Leistungsbereitschaft, da niemand ausschließen kann, dass sein Text im Plenum vorgesprochen bzw. vorgespielt wird.

Tipp:

Die Vorbereitungen zu dieser Übung sollten etwas langfristiger erfolgen. Zunächst sollten alle Schüler zu Hause erfragen, ob sie ein Aufnahmegerät mit in die Schule nehmen dürfen und sich ggf. mit der Bedienung vertraut machen. Wenn Sie diesbezüglich eine Rückmeldung haben, können Sie den Termin festlegen, an dem die Schüler das Aufnahmegerät mit in die Schule bringen. Weisen Sie darauf hin, dass eine entsprechende Kassette mitzubringen ist. Erfahrungsgemäß fällt immer mal wieder das eine oder andere Gerät im Unterricht aus. Deshalb ist es sinnvoll, dass in einer Klasse mit 30 Schülern etwa acht bis zehn Aufnahmegeräte zur Verfügung stehen.
Wenn keine oder nur wenige Aufnahmegeräte zur Verfügung stehen, kann die Übung auch ohne diese durchgeführt werden. Allerdings ist es für die Schüler sehr reizvoll, sich selber zu hören. Häufig erhöht es die Sprechkompetenz ungemein, da die Schüler ihre sprecherischen Eigenarten mit Distanz wahrnehmen können.

## *Nonsensreferate*

Nonsensreferate erleichtern den Einstieg in den freien Vortrag. Da der sachliche Hintergrund des Referates ohne Realitätsbezug ist, können die vortragenden Schüler sich ganz auf das eigentliche Sprechen konzentrieren. Hinzu kommt, dass durch den Simulationscharakter und durch die Themenstellung für viele Schüler die Redehemmungen reduziert werden. Viele Schüler äußern, dass sie erst nach den ersten Nonsensvorträgen ihre Scheu, vor der Gruppe zu sprechen, ablegen konnten.
Nonsensreferate bieten sich auch an, wenn die Schüler an die kriteriengestützte Beurteilung von Vortragsleistungen herangeführt werden. Nach den hier vorgestellten Übungen sollte eine Auswertung, z. B. im Klassengespräch oder in kooperativen Phasen, erfolgen.

Übung:
Aufnahme in die Akademie
der Wissenschaften

**Jahrgangsstufe:** 5–13
**Ziele:** – Einüben von freien Reden vor Gruppen
– Überwindung von Redeangst
**Sozialform:** Einzel- oder Partnerarbeit/Vortrag in Gruppen oder vor der Klasse
**Zeitumfang:** 20–45 Minuten (abhängig von der Anzahl der Vorträge)
**Material:** vorbereitete Kärtchen mit Themen (M 1)

Die Lehrkraft oder ein Schüler moderiert die Vorträge. Der Moderator stellt sich als Direktor der Akademie der Wissenschaften vor. Jährlich werden drei hervorragende Wissenschaftler in die Akademie aufgenommen. Diese halten zuvor einen Vortrag über ihr spezielles Forschungs- und Wissensgebiet.
Kopieren Sie die Vorlage M 1, so dass für jeden Schüler mind. ein Kärtchen zur Verfügung steht. Immer vier verschiedene Kärtchen werden auf der Rückseite mit gleichen Buchstaben gekennzeichnet.
Die Schüler ziehen ein Themenkärtchen, auf dem ein Nonsensthema steht. Schüler, auf deren Karte der gleiche Buchstabe steht, bilden eine Gruppe. Sie haben jetzt drei Minuten Zeit, um sich auf das Referat vorzubereiten. In der Kleingruppe werden die Nonsensvorträge besprochen.
Anschließend werden per Zufall Schüler ausgesucht, die im Plenum ihren Nonsensvortrag erneut halten.
Danach bespricht die Klasse die Vorträge im Plenum. Zunächst nehmen die Redner selbst Stellung zu ihrem eigenen Vortrag. Wichtig ist hierbei, dass sie über ihre Befindlichkeit während des Vortrags reden können (Entlastungsfunktion). Anschließend sollten weitere, möglichst bestärkende Kommentare aus dem Plenum folgen.
Die vorbereiteten Themenkärtchen eignen sich besonders für die Jahrgangsstufen 10 bis 13. Weitere Nonsensthemen können beliebig formuliert und ergänzt werden.

Übung:
Simulation:
Vortragswettbewerb in der Schule

**Jahrgangsstufe:** 5–10
**Ziele:** – Einüben von freien Reden vor Gruppen
– Überwindung von Redeangst
**Sozialform:** Einzel- oder Partnerarbeit/Vortrag in Gruppen oder vor der Klasse
**Zeitumfang:** 20–45 Minuten (abhängig von der Anzahl der Vorträge)
**Material:** vorbereitete Kärtchen mit Themen (M 2)

Simulation: In der Schule wird ein Vortragswettbewerb durchgeführt, bei dem die Schüler über

schulische Themen referieren. In jeder Klasse sind bereits die besten Beiträge ermittelt worden. Jetzt werden diese Vorträge in der Aula vor der Schulgemeinde erneut gehalten.
Wie bei der vorherigen Übung bekommen die Schüler ein Nonsensthema. Zu diesem Thema halten die Schüler einen Kurzvortrag. Der Ablauf entspricht dem Vorgehen bei der Übung „Aufnahme in die Akademie der Wissenschaften".
Die Themenkärtchen M 2 lassen sich gut in den Jahrgangsstufen 7 bis 10 einsetzen.

➡ Übung:
Erfindermesse

**Jahrgangsstufe:** 5–13
**Ziele:** – Einüben von freien Reden vor Gruppen
– Überwindung von Redeangst
**Sozialform:** Einzel- oder Partnerarbeit/Vortrag in Gruppen oder vor der Klasse
**Zeitumfang:** 20–45 Minuten (abhängig von der Anzahl der Vorträge)
**Material:** Themenkärtchen (M 3)

Simulation: Der Spielleiter (Lehrkraft oder Schüler) stellt sich als Geschäftsführer der Erfindermesse vor. Jährlich werden hier neue Ideen präsentiert. Die Erfinder suchen dabei einen Hersteller, der bereit ist, die neuen Produkte zu produzieren und zu vertreiben.
Die Schüler ziehen eine Karte, auf der eine Erfindung abgebildet ist (M 3). Sie überlegen jetzt, welche Vorzüge diese Erfindung haben könnte und wie sie das Produkt präsentieren werden, so dass sich ein Produzent dafür interessiert. Auch hier haben die Teilnehmer nur drei Minuten Zeit, ihren Vortrag vorzubereiten.
Anschließend stellen sich einige Schüler als Erfinder ihrer Neuheiten auf der Erfindermesse vor und preisen ihre Entwicklungen an. Dazu haben die Schüler maximal fünf Minuten Zeit. Die Abbildungen der Produkte werden während des Vortrags über einen Tageslichtprojektor an die Wand projiziert, damit das Publikum eine Vorstellung von dem Produkt hat.
Nach dem Vortrag wird dieser besprochen. Zunächst sollten die Schüler ihre eigene Befindlichkeit während des Vortrags mitteilen können (Entlastungsfunktion). Anschließend erhalten die Zuhörer die Gelegenheit, sich zum Vortrag zu äußern. Wichtig ist wieder, dass vor allem die gelungenen Aspekte betrachtet werden, so dass dieser Vortrag vor allem für eher unsichere Schüler zu einem kleinen oder großen Erfolgserlebnis wird.

➡ Übung:
Sprichwörter vorstellen

**Jahrgangsstufe:** 5–13
**Ziele:** – Einüben von freien Reden vor Gruppen
– Überwindung von Redeangst
**Sozialform:** Einzel- oder Partnerarbeit/Vortrag in Gruppen oder vor der Klasse
**Zeitumfang:** 20–45 Minuten (abhängig von der Anzahl der Vorträge)
**Material:** Sprichwortkärtchen (M 4a und M 4b)

Der Ablauf entspricht dem der vorherigen Übungen. Jetzt erhalten die Schüler jeweils einen möglichst den Schülern bekannten Sinnspruch, ein „geflügeltes Wort". Die Aufgabe besteht nun darin, eine etwa dreiminütige Rede zu dem vorgegebenen Spruch zu halten. Dabei sollten die Schüler dazu angehalten werden, möglichst humorvolle Erläuterungen der Sprüche zu entwickeln.
Da einzelne Sinnsprüche manchen Schülern nicht bekannt sind oder sie keine Ideen dazu entwickeln können, gelingt die Übung erfahrungsgemäß am besten, wenn sich die Schüler in Kleingruppen vorbereiten. Eine assoziative Ideenfindungsphase, in der die Schüler durch eine Brainstorming-Technik Ansätze für den Kurzvortrag entwickeln, ist hier sinnvoll.

⇨ Tipp:

Es gibt zahlreiche Homepages, die thematisch geordnete Sinnsprüche, Zitate, geflügelte Worte oder Aphorismen anbieten (www.aphorismen.de, www.zita.de). In nur wenigen Minuten können Sie hier für den Einstieg in eine thematische Unterrichtsreihe inhaltlich passende Sprüche finden, die sich mit dieser Übung verbinden lassen.

## *Freies Reden und Sprechdenken*

Wir alle kennen Reden und vor allem Vorträge, bei denen wir uns als Zuhörer langweilen. Das kann daran liegen, dass der Sprecher nicht frei spricht, sondern einen Text abliest.
Frei sprechen heißt in diesem Zusammenhang nicht, dass der Redner keine Aufzeichnungen oder Stichworte benutzt. Aber diese Stichworte dienen als Gerüst, das in der konkreten Redesituation sprachlich ausgefüllt werden muss.
Wer seinen Vortrag so angeht, gibt den Zuhörern Gelegenheit, bei der Entwicklung der eigenen Gedanken zu folgen. Der Zuhörer erhält das

Gefühl, er selbst wirke bei der Entstehung des Vortrags mit. Es entsteht eine quasi dialogische Situation.
Die Fähigkeit, die es uns ermöglicht, einen Gedanken aus dem anderen zu entwickeln und doch ohne Pausen zu sprechen, die Fähigkeit, beim Aussprechen des einen schon den folgenden Gedanken zu entwickeln, bezeichnet man als Sprechdenken.
Bis zu einem bestimmten Grad besitzen alle Menschen diese Fähigkeit. Allerdings reicht sie häufig nicht aus, um einen Fachvortrag oder eine Rede frei zu halten. Übungen zum Sprechdenken sollten im Unterricht immer wieder angewendet werden, denn dadurch lernen die Schüler außerdem, ihre zusammenhängende mündliche Darstellungsfähigkeit zu verbessern. In vielen Fällen gehören solche Übungen bereits zum Unterricht, ohne dass sie immer unter der Zielsetzung des Sprechdenkens durchgeführt werden. Denken Sie hier an die systematische Bildbeschreibung, die Erläuterung von Begriffen oder das Erfinden von Geschichten.

Übung:
Ähnliche Dinge voneinander abgrenzen

**Jahrgangsstufe:** 5–12
**Ziel:** Ausformung und Ordnung der Gedanken beim Sprechen vornehmen
**Sozialform:** Gruppenarbeit
**Zeitumfang:** variabel
**Material:** 15 bis 20 Wortkärtchen pro Gruppe (M 5a, M 5b)

Selbstverständlich wissen wir alle, was der Unterschied zwischen einem Sessel und einem Stuhl ist. Aber wenn wir diese Unterschiede sprachlich formulieren müssen, dann wird es schon schwieriger. Wo ist die Grenze zwischen dem, was wir Stuhl nennen und dem, was als Sessel bezeichnet wird? Ist das Polster das Unterscheidungsmerkmal? Auch ein Stuhl kann gepolstert sein. Sind es die Armlehnen? Die schicken Cocktailsessel der 60er-Jahre hatten keine Armlehnen.
Die Schüler erhalten die Aufgabe, bedeutungsverwandte Wörter sprachlich zu erläutern und voneinander abzugrenzen. Dies geschieht vorzugsweise in Vierergruppen. Nacheinander zieht ein Schüler ein Kärtchen (M 5a/M 5b) mit zwei bis vier bedeutungsverwandten Wörtern. Nach einem kurzen Augenblick (ca. 30 Sek.) muss er in einem Vortrag vor der Gruppe die von ihm gezogenen Begriffe erläutern und voneinander abgrenzen. Dazu hat er nicht mehr als zwei Minuten Zeit. Anschließend ist das nächste Gruppenmitglied an der Reihe. Dieses zieht wieder ein Kärtchen, stellt sich hin und referiert vor der Gruppe über die Begriffe, die auf dem Kärtchen aufgeführt sind usw.
Abhängig von der zur Verfügung stehenden Zeit können die Gruppen mehrere Runden durchspielen. Nach mehr als drei Runden lässt die Motivation jedoch erfahrungsgemäß nach.
Je nach Alter und Leistungsstand der Schüler sollten Sie M 5a (anschauliche Begriffe) oder M 5b (abstrakte Begriffe) einsetzen und um eigene Wörter ergänzen.

Tipp:

Diese Übung kann durch die Arbeit mit dem Wörterbuch ergänzt bzw. vorbereitet werden.

Übung:
Geometrische Figuren beschreiben

**Jahrgangsstufe:** 5–13
**Ziel:** Ausformung und Ordnung der Gedanken beim Sprechen
**Sozialform:** Kleingruppen oder Klassenübung
**Zeitumfang:** variabel
**Material:** Kärtchen mit geometrischen Formen (M 6)

Die Schüler erhalten die Aufgabe, vorgegebene geometrische Figuren, die aus nur wenigen Strichen bestehen, zu beschreiben. Die Zuhörer müssen aufgrund der Anweisungen des Redners die Figuren zeichnen. Die Redner können Satz für Satz die Wirkung ihrer Worte verfolgen und darauf reagieren.
Zunächst teilen sich die Schüler in Vierergruppen auf. Innerhalb der Gruppen erhält jeder Schüler eine andere Vorlage. Diese darf den anderen Gruppenmitgliedern nicht bekannt sein. Jeder Schüler kann kurz seine Vorlage ansehen und sich mit den Besonderheiten der Figur vertraut machen. Anschließend erklären die Schüler nacheinander ihre Vorlagen so, dass die anderen Gruppenmitglieder eine Zeichnung anfertigen können (Bilddiktat).
Es folgt eine kurze Nachbesprechung in der Gruppe: Weshalb konnten die Schüler die Figur gut nachvollziehen?
Danach stellt das nächste Gruppenmitglied seine Figur vor usw.

Variation:

Einen Gegenstand beschreiben: Das Vorgehen ähnelt dem der vorherigen Übung. Allerdings erhalten die Schüler jetzt ein Bild von einem Gegenstand. Hierfür können z. B. Fotos aus Zeitschriften verwendet werden.
Wenn die Schüler alltägliche Gegenstände beschreiben, können sie einfacher und schneller Erfolgserlebnisse verzeichnen.
Die Schüler wählen – unsichtbar für die Gruppenmitglieder – eine Abbildung aus und beschreiben den Gegenstand so genau wie möglich. Die Zuhörer können die Augen schließen und aufgrund der Beschreibung ein inneres Bild entwickeln.
Nachdem der Vortrag beendet ist, zeigt der Sprecher das Bild seiner Gruppe, und es findet ein Gespräch über die inneren Bilder und die Abbildung statt.
In den unteren Jahrgangsstufen bietet es sich an, den Gegenstand mitzubringen. Bereiten Sie dazu eine Tasche oder einen Karton vor, der mit den vielen verschiedenen Dingen gefüllt ist. Ein Schüler steht vor der Klasse, wählt einen für die anderen Schüler unsichtbaren Gegenstand aus und beschreibt ihn dann.
Die Möglichkeit, den Gegenstand direkt in die Hand zu nehmen, kommt gerade jüngeren Schülern entgegen.
Es spricht unmittelbar die Sinne an und erleichtert nach meiner Erfahrung die Beschreibung.

Tipp:

In manchen Lerngruppen kann es besonders motivierend sein, ungewöhnliche Gegenstände oder Abläufe beschreiben zu lassen.

Einen Vorgang beschreiben:
In Bildwörterbüchern, Lexika, Bedienungsanleitungen etc. finden sich Abbildungen, die bestimmte Vorgänge erläutern. Eine bestimmte Turnübung, die Zubereitung von Speisen, die Funktionsweise einer Schleuse oder die Inbetriebnahme eines Mixers, vielleicht auch die Funktion eines Korkenziehers usw. werden hier erklärt.
Die Übung besteht darin, kurz und knapp, aber verständlich, einen solchen Vorgang zu beschreiben.
Diese Übung ist sehr anspruchsvoll, da sie geordnetes und stringentes Denken erfordert, weil jeder einzelne Schritt logisch aus den vorherigen hervorgeht.

| | |
|---|---|
| Das Eichhörnchen als Fleischlieferant in Großstädten | Der Beitrag des Wattestäbchens im Prozess der Demokratisierung im 19. Jahrhundert |
| Die gerade Banane – eine Errungenschaft der modernen Gentechnik | Zum therapeutischen Nutzen von Blumen als Gesprächspartner |
| Fernsehkonsum als Diät – Gewichtsreduktion durch den Konsum von Horrorfilmen | Handbetriebene Kraftwerke als ökologische Möglichkeit zur Überwindung der Energieknappheit |
| Vegetarier machen Tiere überflüssig: Zur Sinnkrise des Schweins in modernen Gesellschaften | Die digitale Zahnreinigung als Alternative zur täglichen Zahnpflege |
| Zentralheizungen in Zentralafrika als entwicklungspolitischer Beitrag des Installationshandwerks | Lernschwierigkeiten der Gummibärchen im Fremdsprachenunterricht und ihre Überwindung |

| | |
|---|---|
| Mit blauen Badehosen oder -anzügen besser schwimmen lernen | Soll das Fach „Abhängen“ in der Schule unterrichtet werden? |
| Gelb als neue Korrekturfarbe für Klassenarbeiten | Warum Lehrer nicht rechtshändig schreiben sollten |
| Schüleraustausch mit den Heinzelmännchen | Malbücher statt Klassenarbeiten |
| Der Schülersprecher als rechte Hand des Hausmeisters | Kletterkurse statt Mathematik |
| Schach als Schulsport | Zum Nutzen der Sonnenbrille im Geschichtsunterricht |

## Freies Sprechen: Erfindermesse

**M 3 Folie/Kopiervorlage**

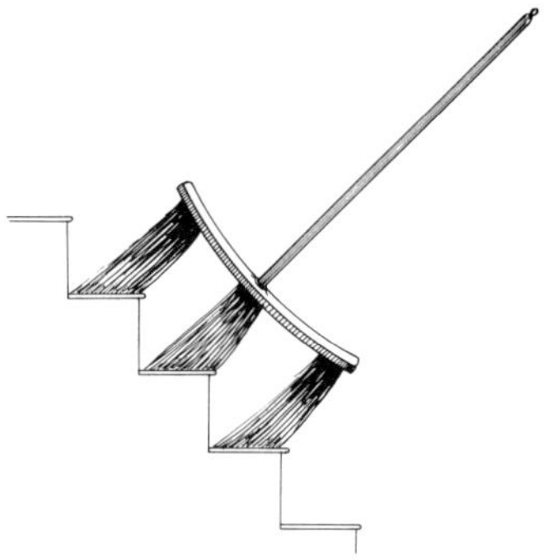

**Multibesen**
Reinigt drei Stufen mit einer Bewegung.

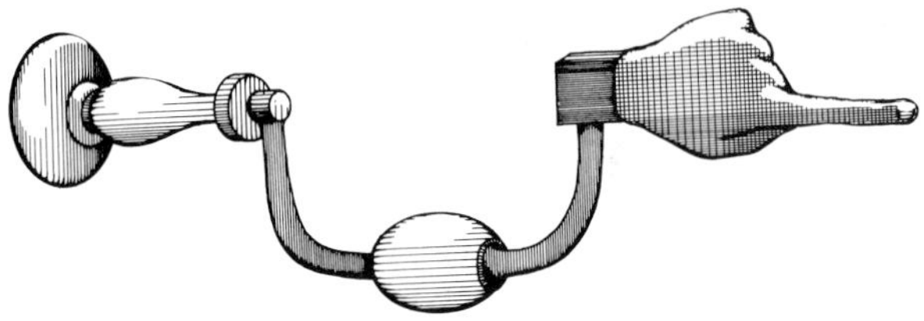

**Hygienekurbelputzer**
Sehr empfehlenswert, um die Nasenlöcher, die Ohreneingänge und sonstigen Körperöffnungen zu reinigen.
Der Kurbelputzerzeigefinger ist mit steriler Watte ausgerüstet.

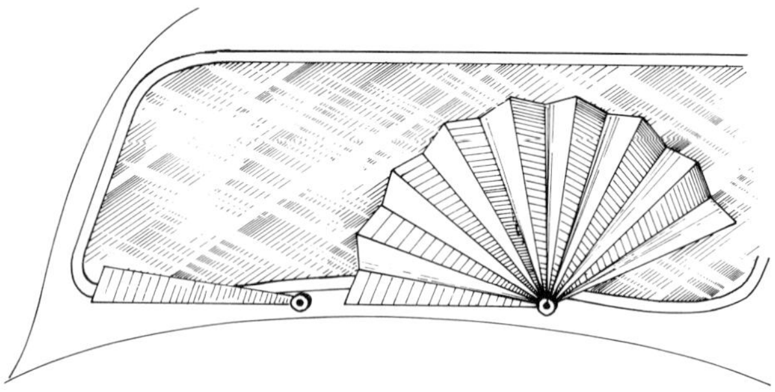

**Scheibenwischerfächer**
Schützt nach spanischer Art vor unerwünschten Blicken.

**Tankfederhalter**
Mehrfach erhöhte Leistungsfähigkeit gegenüber der gebräuchlichen Füllfeder. Endlich ein monatelanges, von allen Sorgen des Nachfüllens befreites Schreiben. Reservetanks erhältlich.

**Familienoberhauptschirm**
Der Vater hat den Griff fest in der Hand und zeigt sich augenfällig als Beschützer seiner Lieben. Kinderreichen Familien gewähren wir ab Vierermodell Vergünstigung.

**Schneewunschbrille**
Zwischen der Doppelverglasung schweben kleine weiße Kristalle, die den Eindruck eines munteren Schneetreibens vermitteln. Sehr empfehlenswert für Gäste in schneefreien Winterkurorten.

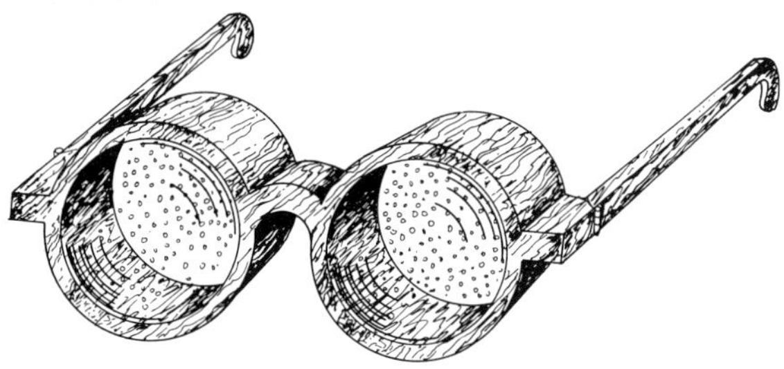

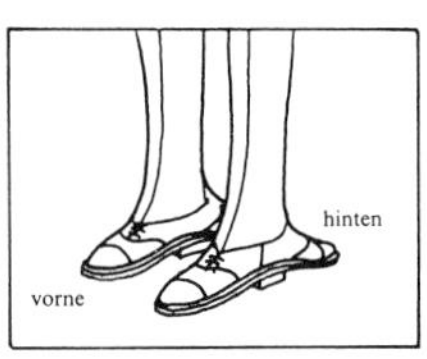


**Dauerdoppelschuh**
Hat das erste Sohlenpaar seine Pflicht getan, so steht ein vollwertiger Ersatz hinter Ihnen bereit. Eine Drehung von 180 Grad genügt. Ebenso vorteilhaft wie elegant.

**Hinundrückfahrrad, genannt „Retourkutsche"**
Am Ziel angekommen, sind Sie der Mühe enthoben, das Fahrrad zu drehen. Zur Rückfahrt haben Sie lediglich auf dem gegenüberliegenden Sattel Platz zu nehmen.

| | |
|---|---|
| Kräht der Hahn auf dem Mist, ändert sich das Wetter – oder es bleibt wie es ist. | Hunger ist der beste Koch. |
| Wer lange hustet, wird alt. | Jeder ist seines Glückes Schmied. |
| Glück und Glas – wie leicht bricht das. | Was ich nicht weiß, macht mich nicht heiß. |
| Einem geschenkten Gaul schaut man nicht ins Maul. | Lieber den Spatz in der Hand als die Taube auf dem Dach. |

| | |
|---|---|
| Es ist nicht alles Gold, was glänzt. | Wer zuerst kommt, mahlt zuerst. |
| Man soll den Tag nicht vor dem Abend loben. | Es ist noch kein Meister vom Himmel gefallen. |
| Ohne Abschied gibt's kein Wiedersehen. | Der Weg ist das Ziel. |
| Geh deinen Weg und lass die Leute reden. | Tu, was du fürchtest, und die Furcht stirbt. |

**Freies Sprechen:**
**Ähnliche Dinge voneinander abgrenzen**

**M 5a**
**Kopiervorlage**

| | |
|---|---|
| Zimmer<br>Raum<br>Stube | Haus<br>Halle<br>Hütte |
| Bach<br>Fluss<br>Strom | laufen<br>rennen<br>gehen |
| eng<br>kurz | schwimmen<br>baden<br>plantschen |
| essen<br>fressen<br>speisen | Bank<br>Sessel<br>Stuhl<br>Thron |

## Freies Sprechen: Ähnliche Dinge voneinander abgrenzen

**M 5b Kopiervorlage**

| | |
|---|---|
| Worte<br>Wörter | Wissbegierde<br>Neugierde |
| Zorn<br>Wut<br>Aggression | denken<br>nachsinnen<br>reflektieren<br>überlegen |
| empfindlich<br>empfindsam | Einbruch<br>Diebstahl<br>Raub |
| Inhaber<br>Besitzer<br>Eigentümer | Gefühl<br>Ahnung<br>Empfindung |

## Freies Sprechen: Geometrische Figuren beschreiben

**M 6 Kopiervorlage**



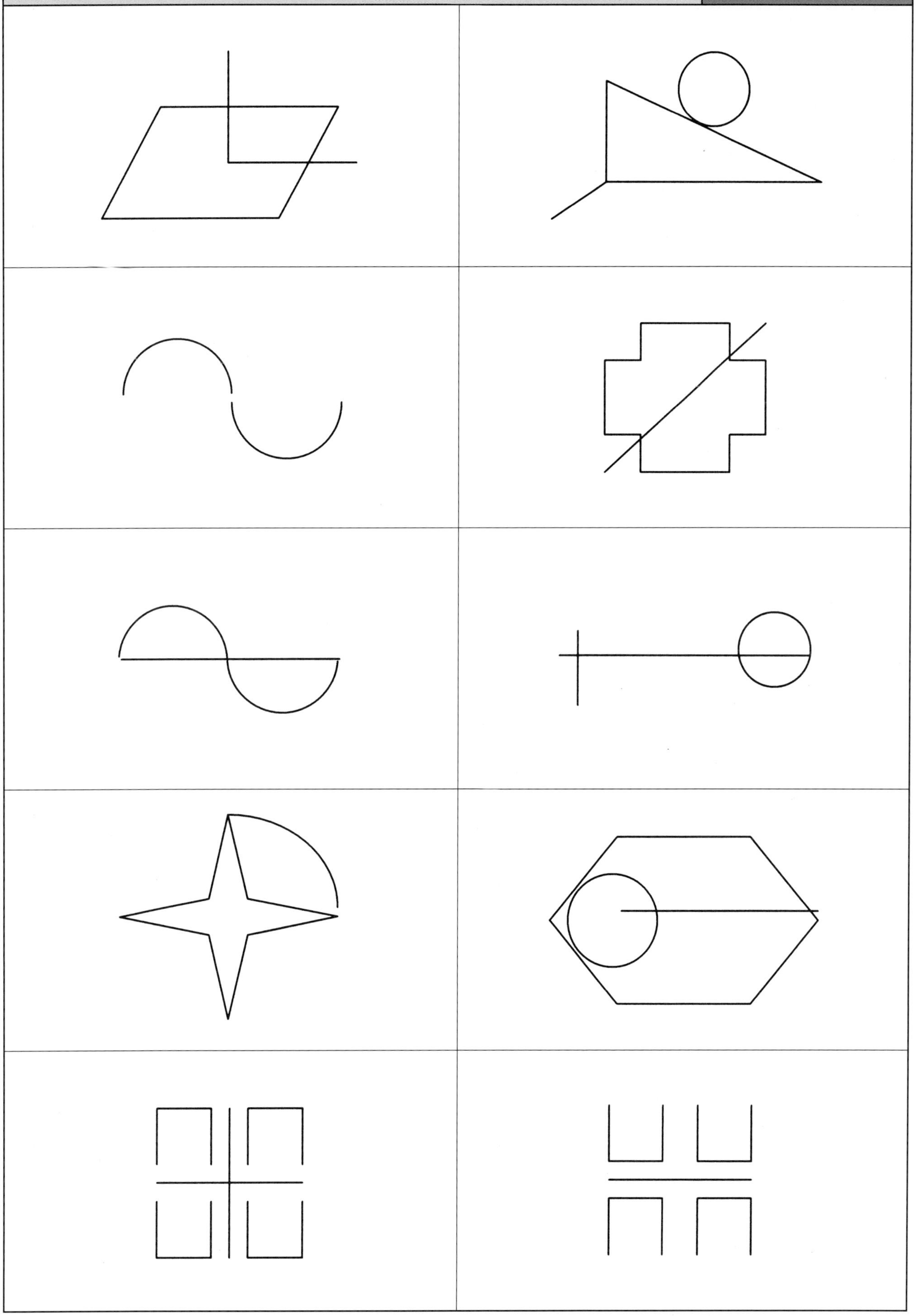

# 4. Fachvorträge vorbereiten und halten

## 4.1 Einführung

Dem Aufbau eines Fachvortrags kommt eine zentrale Bedeutung zu, denn er ist erheblich für das Gelingen des Vortrags verantwortlich. Und ein Vortrag wird erst dann nachhaltig wirksam sein, wenn der Sprecher es schafft, seinen Vortrag so zu strukturieren, dass die Zuhörer den logischen Zusammenhang, der mit dem Thema oder der Fragestellung verbunden ist, nachvollziehen können.
Kurz gesagt: Der Sprecher muss den formalen Aufbau seines Fachvortrags mit der inneren Struktur des Themas in Übereinstimmung bringen.
Im Deutschunterricht werden die Schüler immer wieder mit der Notwendigkeit konfrontiert, Texte zu gliedern. Die Vorstellung, dass dies eine ausreichende Basis für mündliche Vorträge darstellt, erweist sich bis in die Oberstufe und die Hochschulen als fehlerhaft. Der strukturierte Vortrag ist für viele Vortragende eine enorme Herausforderung. Aus Sicht der Sprecherziehung ist es eben nicht ausreichend, verschiedene Gliederungsformen zu kennen und diese in schriftlichen Texten realisieren zu können. Vielmehr muss die Gliederung von Vorträgen praktisch erprobt und eingeübt werden.
Im Übrigen ist zu betonen, dass diejenigen Schüler, die praktische Erfahrungen mit der Gliederung von Vorträgen gemacht haben, auch bei der Produktion schriftlicher Arbeiten von ihren Kenntnissen profitieren: Sie verfassen und überarbeiten ihre schriftlichen Arbeiten mit einem gesteigerten Problembewusstsein und Reflexionsvermögen.

## 4.2 Übungen

### *Fünf-Satz-Übungen*

Fünf-Satz-Übungen schließen unmittelbar an das Sprechdenken an, denn für den geübten Redner sind sie leicht zu realisierende Argumentationsbeiträge. Für Ad-hoc-Reden ist das Fünf-Satz-Muster eine ideale Gliederungshilfe, die die Strukturierung der Gedanken fördert. Gleichzeitig wird in den Fünf-Satz-Reden der idealtypische Aufbau von Reden sichtbar, so dass die Schüler anhand der Übungen an die Abfolge innerhalb einer Rede herangeführt werden können. Die Fünf-Satz-Übungen fördern die Fähigkeit der Schüler, längere Vorträge zu halten.
Fünf-Satz-Übungen können außerdem einen erheblichen Beitrag zur Überwindung von Redeangst leisten. Viele Schüler haben Angst, einen Vortrag zu halten, weil ihnen positive Erfahrungen darin fehlen. Gerade eine sorgfältig durchgeführte Unterrichtseinheit zur Fünf-Satz-Methode kann Erfolgserlebnisse verschaffen. Denn hier lernen die Schüler, gedanklich geordnete und somit gelungene Kurzansprachen vor einer Zuhörergruppe zu halten. Diese positiven Erfahrungen können die Schüler auf spätere, längere Reden übertragen.
Ursprünglich handelt es sich beim Fünf-Satz um eine Redeform, mithilfe derer der Redner vor allem argumentieren bzw. überzeugen möchte. Die vielen Erfahrungen zeigen jedoch, dass die Schüler durch die verschiedenen Fünf-Satz-Übungen einen leichteren Zugang zur Strukturierung von Vorträgen gewinnen. Darüber hinaus gibt es keine logischen Gründe, z. B. das Ergebnis einer Hausaufgabe – wenn es denn inhaltlich in eine solche Form passt – nicht auch als Fünf-Satz formulieren zu lassen.
Die hier beschriebenen Fünf-Satz-Übungen können als Gerüst eines Vortrags dienen, sie können aber auch zu umfassenden Reden ausgebaut werden. Aus diesem Grund ist es nicht zwingend notwendig, auf fünf einzelne Hauptsätze zu bestehen, wie es ursprünglich von Hellmut Geißner vorgesehen war. Für den Unterricht bedeutsam ist, dass die Schüler eine dem Fünf-Satz entsprechende Planung und Gliederung ihrer Redebeiträge vornehmen.
Im Kern bestehen die Fünf-Sätze aus drei Abschnitten:

#### *Finaler Zwecksatz*

Am Ende der Fünf-Satz-Rede steht immer der so genannte Zwecksatz. Darin formuliert der Redner aus, was er bei den Zuhörern erreichen möchte, was er beweisen, was er widerlegen oder erläutern möchte. Kurz: Im Schlussteil wird formuliert, mit welchem Ziel oder mit welcher Absicht der Beitrag gehalten wird. Es ist zu begrüßen, wenn die Schüler zuerst diesen Schlusssatz entwickeln. Idealerweise wird davon ausgehend der Mittelteil geplant, und erst am Ende formuliert der Schüler den Einstieg. Erfahrungsgemäß bereitet die dazu notwendige gedankliche Strenge den Schülern aber erhebliche Mühen. In der Praxis gehen die Schüler weniger deduktiv vor und entwickeln im ständigen Abgleich der Einzelschritte ihren Kurzvortrag.

### *Der Mittelteil*

Der Mittelteil der Fünf-Satz-Rede besteht in der Regel aus drei Sätzen. Auf diese Weise wird der informierende Kern relativ kurz gehalten. Wenn die Reden ausschließlich argumentativer Natur sind, dann ist dies in den meisten Fällen ausreichend. Geht es aber stärker um einen informierenden Vortrag, dann wird sich sehr bald zeigen, dass die drei Sätze zu drei kurzen Abschnitten ausgebaut werden müssen, in denen jeweils ein Aspekt des Themas dargelegt wird.

### *Der Einstiegssatz*

Der erste Satz des Vortrages dient als Einleitung. Er wird möglichst zuletzt geplant, da er erst dann sinnvoll formuliert werden kann, wenn deutlich ist, wohin der Vortrag führen soll. Im Einstieg kann der Redner an seinen Vorredner anknüpfen, die Problemfrage aufzeigen oder deutlich machen, warum er diese Kurzrede halten möchte.

Übung:
Einfacher Fünf-Satz

**Jahrgangsstufe:** 7–9
**Ziele:** – Mündliche Beiträge übersichtlich und durchdacht aufbauen
– Gelegenheit erhalten, komplexe Äußerungen kognitiv zu strukturieren
**Sozialform:** Einzel-, Partner- oder Gruppenarbeit, Vortrag im Plenum
**Zeitumfang:** variabel, mind. 45 Minuten
**Material:** ggf. Folie oder Tafelanschrift

Die Schüler sollen mithilfe eines Fünf-Satz-Schemas einen kurzen Redebeitrag aufbauen. In der strengen Form besteht eine Fünf-Satz-Äußerung aus fünf Hauptsätzen. Es dürfen aber auch vier oder sechs Sätze sein, und es können auch Satzgefüge zugelassen werden. Allerdings besteht ein besonderer Reiz und Lerneffekt darin, sich streng an die fünf Sätze zu halten.

Zunächst führt die Lehrkraft das Fünf-Satz-Schema an einem Beispiel ein. Es ist hilfreich, den Aufbau anhand eines Schaubildes zu demonstrieren:

Eine Übersicht weiterer Fünf-Satz-Formen finden Sie auf M 1a – M 1c.

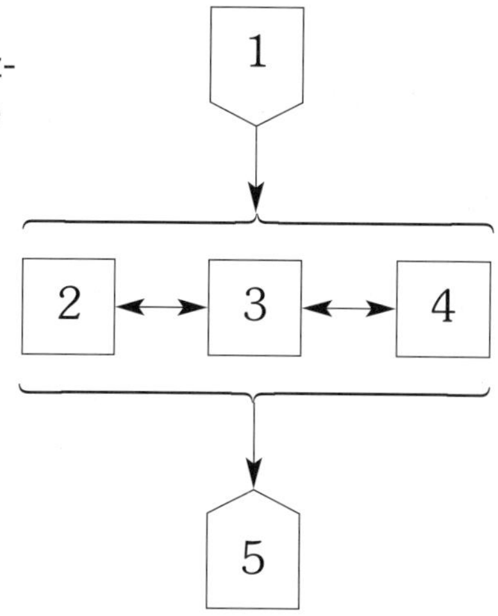


Einstiegssatz (1): Er kann an eine Situation anknüpfen oder ein Problem benennen.
Im Mittelteil folgen drei nebengeordnete Sätze (2, 3, 4), die alle auf den fünften Satz hinführen.
Der finale Zwecksatz (5) ist der wichtigste: Hier wird die Forderung oder das Ergebnis der Kurzrede deutlich betont.

Zwei Beispiele für Fünf-Satz-Reden:

1. *Was braucht man für einen guten Pizzateig?*
2. *Die Hefe dafür muss gut sein.*
3. *Das Mehl sollte fein gemahlen sein.*
4. *Lauwarmes Wasser ist notwendig.*
5. *Wer diese Dinge hat, der muss nur noch kräftig kneten.*

1. *Der starke Autoverkehr im Wohngebiet ist ein Problem.*
2. *Kinder müssen ständig auf fahrende Autos achten.*
3. *Parkende Autos versperren die Spielfläche.*
4. *Der Lärm stört alle Anwohner.*
5. *Deswegen sollte das Wohngebiet autofrei sein.*

Nachdem die Lehrkraft den Schülern den Aufbau und die Beispiele vorgestellt hat, sollte jeder Schüler einen ähnlichen Fünf-Satz zu einem selbst gewählten Thema bilden.
Es folgt die Präsentation in Kleingruppen und anschließend die Vorstellung von ausgelosten Beispielen im Plenum.

Variationen:

- Ein Zuhörer wird gebeten, den Fünf-Satz des Vortragenden möglichst genau zu wiederholen.

Dies erhöht die Aufmerksamkeit in der Lerngruppe und schult das Zuhören. Gleichzeitig kann derjenige, der zuerst vorgetragen hat, aus den Unterschieden Hinweise für die Verbesserung seiner Formulierungen gewinnen.
Bei Bedarf und ausreichender Zeit schließt sich erneut der Vortrag des jetzt verbesserten Fünf-Satzes an.

- Die Kurzvorträge werden zu einem vorgegebenen Stichwort gehalten. Die Lehrkraft bereitet dazu kleine Karteikarten mit Stichworten vor. Die Schüler ziehen jeweils eine Karte.
  Die Kurzvorträge können entweder nach einer vereinbarten Vorbereitungszeit oder unmittelbar nach Aushändigung der Karteikarte als Stegreifrede gehalten werden (sehr anspruchsvoll.
- Die Schüler können einen Wettbewerb veranstalten. Aus einer Gruppe von fünf bis sechs Schülern werden die besten Kurzvorträge bestimmt. Dazu kann eine Jury aus Schülern gebildet werden. Diese sollte jedoch zuvor Kriterien entwickeln. Hier wird ein Schritt in Richtung Evaluation getan. Dies bedarf jedoch einer sorgfältigen Vorbereitung! Je nach Altersstufe sind unterschiedliche Kriterien anzulegen (vgl. Beraten und bewerten, Kap. 7).

Übung:
Fünf-Satz für Fortgeschrittene

**Jahrgangsstufe:** 8–13
**Ziele:**
- Mündliche Beiträge übersichtlich und durchdacht aufbauen
- Komplexe Äußerungen kognitiv strukturieren

**Sozialform:** Einzel-, Partner- oder Gruppenarbeit, Vortrag im Plenum
**Zeitumfang:** variabel, mind. 90 Minuten
**Material:** Kopiervorlagen (M 1a–M 1c)

In den oberen Jahrgängen (8–13) können verschiedene Fünf-Satz-Typen praktisch eingeführt werden. Dazu bietet sich die folgende Sequenz an.
Zunächst werden die Schüler darüber informiert, dass sie verschiedene Möglichkeiten zur Strukturierung von Vorträgen kennen lernen und praktisch anwenden werden. In einem ersten Schritt werden die Schüler dann aufgefordert, einen kurzen Vortrag nach dem hier vorgestellten Arbeitsauftrag vorzubereiten.

*Tafelanschrift/Folie*

**Arbeitsauftrag**

Bereiten Sie einen kurzen Vortrag nach dem folgenden Muster vor:

1. Weshalb halte ich die Rede? (Anlass)
2. Wie ist die Situation jetzt? (Ist-Zustand)
3. Was sollte sich ändern? Wie sollte es in Zukunft aussehen? (Soll-Zustand)
4. Wie werden diese Veränderungen erreicht? Wie kommen wir dahin?
5. Was sollten die Zuhörer tun? Vorsichtiger Appell zum Handeln!

Beachten Sie dabei Folgendes:

- Wählen Sie ein beliebiges Thema; es muss nicht völlig ernst sein.
- Überlegen Sie sich zuerst den Schlusssatz (5).
- Jeder Aspekt (1–5) darf nur in einem Satz formuliert werden, so dass Ihr Kurzvortrag nur aus fünf Sätzen besteht.

Tipp:

Es ist hilfreich, nach der Erläuterung zunächst eine solche Kurzrede vor der Klasse zu demonstrieren. Wenn Sie möchten, so können Sie auf den folgenden, nicht ganz ernst gemeinten Kurzvortrag zurückgreifen:

„(1) In fünf Monaten ist Weihnachten. (2) Bislang hat noch fast niemand Geschenke besorgt. (3) Spätestens Heiligabend benötigen wir aber für unsere Familie und einige Freunde die Geschenke. (4) Denken Sie schon jetzt an Kleinigkeiten, die Sie verschenken können. (5) Vielleicht kaufen Sie bereits jetzt, im Sommerschlussverkauf!“

Vielleicht fordern Sie Ihre Schüler nach dem Vortrag auf, kurz zu überlegen, wo die fünf Aspekte in Ihrem Vortrag zum Tragen kamen. Lassen Sie die Schüler anschließend ihre Gedanken mit dem Tischnachbarn oder in der Gruppe austauschen. Nach der Vorbereitung, für die die Schüler in der Regel nicht mehr als zehn Minuten benötigen, halten die Schüler ihre Vorträge möglichst in Kleingruppen, da auf diese Weise alle Schüler eigene Erfahrungen beim Reden (nicht nur beim Vorbereiten!) sammeln können. Alternativ (oder

an die Gruppenarbeit anschließend) können einzelne Schüler die Vorträge vor der Klasse halten. Eine kurze Auswertung sollte folgen.
In der Überleitung wird den Schülern mitgeteilt, dass Sie ihnen nun verschiedene Fünf-Satz-Modelle vorstellen werden, die die Schüler im Anschluss realisieren sollen. Die Schüler erhalten die Kopiervorlagen M 1a – M 1c, auf denen verschiedene Fünf-Satz-Beispiele vorgestellt sind. Im Plenum werden auftretende Fragen geklärt.
Die Schüler erhalten jetzt den Arbeitsauftrag, einen kurzen Vortrag nach einem der aufgeführten Fünf-Satz-Modelle in Einzelarbeit vorzubereiten. Erfahrungsgemäß reichen dazu fünf bis zehn Minuten aus.
Nach der Vorbereitung halten die Schüler ihre Vorträge wieder in Kleingruppen oder vor der Klasse. In der sich unmittelbar anschließenden Auswertung sind die Zuhörer aufgefordert herauszufinden, welches Modell dem jeweiligen Vortrag zu Grunde gelegen hat.
Es ist sinnvoll, mehrere Runden mit verschiedenen Fünf-Satz-Reden im Unterricht vorzustellen. Vergleichen Sie mit den Schülern die verschiedenen Fünf-Satz-Modelle mit der eingangs vorgestellten Struktur, die vor allem vom Ist- bzw. Soll-Zustand ausgeht.

Variationen:

- Die Schüler bereiten Fünf-Satz-Vorträge auf Karteikarten vor M 1c. Dies gibt Sicherheit, verlangt während der Planung gedankliche Strenge und führt darüber hinaus zum Gebrauch von Stichwortzetteln.
- Wenn Sie diese Einheit mit Themen verbinden, die für die Schüler oder die Klasse einen besonderen Stellenwert besitzen, und gleichzeitig ein gutes Klassenklima herrscht, dann können Sie aus dieser Sequenz einen recht offenen Unterricht entwickeln, der dem Charakter von projektähnlichem Arbeiten nahe kommt.
- Fünf-Satz-Übungen können in Verbindung mit der gezielten Bearbeitung und Reflexion des sozialen Miteinanders in der Klasse eingesetzt werden. Wenn die Schüler zum Beispiel aufgefordert werden, über die Notwendigkeit eines respektvollen Umgangs miteinander zu referieren, dann entstehen quasi nebenbei Einsichten, die für die Zusammenarbeit in der Klasse sehr fruchtbar gemacht werden können.

Tipps:

Mitunter wird gesagt, dass nur bestimmte Fünf-Satz-Modelle sinnvoll bzw. wirksam sind. Diese Behauptung ist aber empirisch nicht zu halten. Ganz im Gegenteil: In Abhängigkeit von den rednerischen Kompetenzen des Vortragenden sind viele verschiedene Vier- bis Sechs-Satz-Muster denkbar, die die Aufmerksamkeit der Zuhörer provozieren werden.
Lassen Sie die Schüler im Unterricht andere Modelle entwickeln, skizzieren und ausprobieren. Vielleicht vertauschen die Schüler die Einleitung mit dem Schlusssatz oder die Einleitung entfällt und die Schüler fallen „mit der Tür ins Haus“? Viele Modelle sind denkbar. Bedenken Sie: Rhetorische Kompetenz wächst, wenn man praktisch ausprobiert und anschließend reflektiert.
Diese Einheit zu Fünf-Satz-Vorträgen lässt sich sehr gut mit der Hinführung zum Lerngegenstand Erörterung und vor allem mit der Argumentation verbinden, da sie eine hohe Affinität aufweisen.



## *Die Fünf-Minuten-Präsentation*

**Jahrgansstufe:** 8–13
**Ziel:** Die Schüler erhalten die Gelegenheit, in strukturierten Vorträgen einen Sachverhalt prägnant darzustellen. Dabei bekommt die Argumentation im Hauptteil der Präsentation einen besonderen Stellenwert. Im Gegensatz zur Fünf-Satz-Übung werden hier Beispiele, Definitionen, Abgrenzungen, Beziehungen aufgezeigt.
**Sozialform:** Wechsel aus Einzel- und Gruppenarbeit, Klassenübung
**Zeitumfang:** 45 Minuten, Vorbereitung der Rede als Hausaufgabe sinnvoll
**Material:** – – –

Der Aufbau einer Fünf-Minuten-Präsentation unterscheidet sich nicht vom Aufbau eines umfassenden Fachvortrags. Die innere Struktur kann den Fünf-Satz-Mustern gleichen. Insofern lassen sich aus den Übungen zum Fünf-Satz sehr gut Fünf-Minuten-Präsentationen entwickeln.
Wie beim Fünf-Satz haben auch hier der Einstieg und das Finale einen hohen Stellenwert. Beide sind immer noch relativ kurz, müssen aber dabei prägnant und einprägsam sein. Für den Vortragenden stellt dies eine besondere Herausforderung dar. Vor allem ungeübte Schüler tun sich dabei oft sehr schwer. Die Kürze des Vortrags

kommt ihnen zwar entgegen, die notwendigen präzisen Formulierungen zu Beginn und am Ende des Vortrags bewältigen aber oft erst die Schüler in den oberen Jahrgangsstufen erfolgreich.

Während bei den Fünf-Satz-Übungen in der Regel einzelne Thesen im Mittelteil nur genannt wurden, so werden jetzt zusätzlich einzelne Beispiele angeführt, Beziehungen erläutert, Definitionen eingefügt oder Abgrenzungen vorgenommen. Die notwendigen inhaltlichen Informationen werden bei der Fünf-Minuten-Präsentation also genauer ausgeführt.

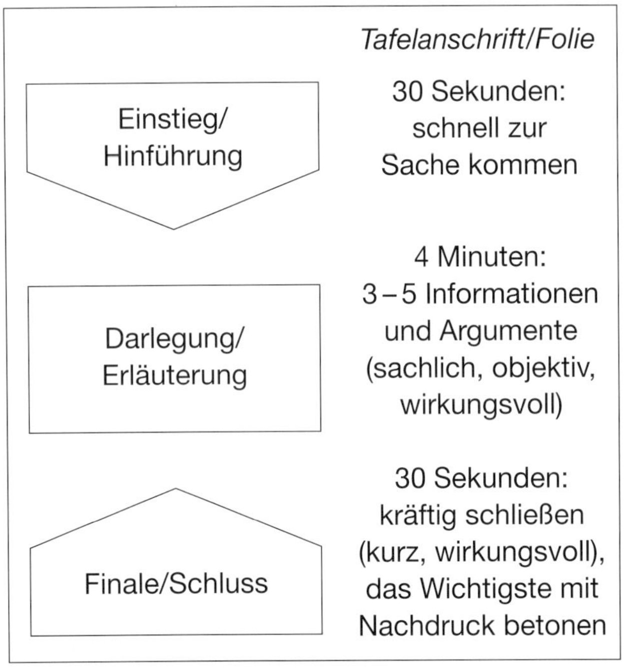


Hinweise für den Unterricht:

Wenn Sie mit Schülern die Fünf-Minuten-Präsentation einüben, so bietet sich die Verbindung zu Fünf-Satz-Übungen an. Sie stellen mitunter das ideale Gerüst für einen kurzen und prägnanten Vortrag dar.

Unterrichtspraktisch bietet es sich an, dass Sie die Schüler auffordern, die zuvor gehaltenen Fünf-Satz-Übungen zu erweitern. Fordern Sie die Schüler dazu auf, die einzelnen Begründungen durch Beispiele zu veranschaulichen, Grundbegriffe vielleicht zu definieren oder zu erläutern, Beziehungen zwischen den Argumenten deutlich herauszustellen oder Abgrenzungen zu ähnlichen Argumenten vorzunehmen. Erläutern Sie mithilfe des folgenden Beispiels, was Sie von Ihren Schülern erwarten.

Beispiel 1:
Ihr Einstiegssatz im Fünf-Satz-Vortrag lautete: „Der starke Autoverkehr im Wohngebiet ist ein Problem.“

Arbeiten Sie jetzt mit einem Beispiel: „Gerade gestern habe ich in der Zeitung gelesen, dass die innerörtlichen Straßen pro Jahr um 1200 km anwachsen. Damit einher geht ein Anstieg des Autoverkehrs. Wenn vor 30 Jahren viele Kinder zu Fuß zur Schule gingen, werden sie heute vielfach mit dem PKW gefahren. Das führt zu einem Anwachsen des Risikos für Kinder im Wohngebiet. Oder (um es kurz zu sagen): Der starke Autoverkehr im Wohngebiet ist ein Problem ...“

Beispiel 2:
Ein Argument lautete: „Parkende Autos versperren die Spielfläche.“
Jetzt wird dieses Argument in Beziehung gesetzt zur vorherigen Aussage und durch eine Abgrenzung näher erläutert: „Die Zunahme des Autoverkehrs, die ich bereits angesprochen habe (!), führt dazu, dass in Wohngebieten auch die Parkflächen knapp werden. Autofahrer parken dann auf Gehwegen. Gehwege sind aber eigentlich für Fußgänger, wie aus dem Namen *Geh-Weg* schon einsichtig wird. Kinder sind aber zunächst Fußgänger oder fahren mit dem Rad auf dem Gehweg. Zugeparkte und unübersichtliche Gehwege in unseren Innenstädten eignen sich aber nicht mehr für Kinder. Aber die Autos parken eben auch in Spielstraßen, am Rande von Rasenflächen, auf denen Kinder vielleicht mit dem Ball spielen würden. Spielfläche geht also nicht nur direkt dadurch verloren, dass sie zur Park- oder Verkehrsfläche wird. Auch die eigentliche Spielfläche wird beeinträchtigt. Sie wird nämlich unmittelbar vom Verkehr vereinnahmt oder begrenzt.“

Wenn die Schüler ihre fünf Sätze in dieser Weise erweitern, entsteht unmittelber ein kleiner Vortrag, der etwa fünf Minuten dauern kann.

*Tafelanschrift/Folie*

**Arbeitsaufträge**

- Greifen Sie auf eine gelungene Fünf-Satz-Übung zurück. Planen Sie auf Grundlage dieser Übung jetzt einen Vortrag, der etwa fünf Minuten dauern sollte.
- Überlegen Sie, an welche Stelle Sie Ihre Aussagen durch Beispiele oder Erläuterungen, durch Definitionen oder Abgrenzungen wirksamer gestalten können.

Tipp:

Sollten Sie aber zum Beispiel in der achten Klasse gerade journalistische Texte oder das Medium

Zeitung behandeln, dann können Sie, ausgehend von den typischen Merkmalen eines Berichts, wie Dachzeile, Schlagzeile und Vorspann, eine Parallele ziehen lassen. Denn was in einem Zeitungsbericht der Aufmacher und der Vorspann sind, ist in der Fünf-Minuten-Präsentation der Einstieg.

## *Der Zwanzig-Minuten-Vortrag*

**Jahrgangsstufe:** 9–13
**Ziel:** Struktur und Aufbau umfassender Präsentationen erkennen
**Sozialform:** Einzelarbeit, Partner- oder Gruppenarbeit, Klassengespräch
**Zeitumfang:** variabel
**Material:** Kopiervorlage (M 2)

Der Zwanzig-Minuten-Vortrag stellt für fast alle Schüler eine besondere Herausforderung dar. Er verlangt von den Schüler ein hohes Maß an Konzentration, stellt auch an die sprecherische Leistung besondere Ansprüche und muss eben auch inhaltlich so gestaltet werden, dass die Zuhörer dem ausführlichen Vortrag zu folgen bereit sind. Die Schüler sind in der Regel gefordert, ihren Vortrag durch angemessene Visualisierungen zu unterstützen, müssen vielleicht die Thesen verschriftlichen oder die Zuhörer in den Vortrag aktiv einbeziehen.
Hinzu kommt, dass die inhaltlich angemessene und umfassende und in der Regel auch selbstständige Einarbeitung in ein zu referierendes Sachgebiet die Schüler mitunter vor erhebliche intellektuelle und zeitliche Herausforderungen stellt.
Idealerweise steht eine solch umfassende Präsentation eher am Ende eines über die Schullaufbahn verteilten Lernprozesses, in dem das Vortragen und Präsentieren immer mal wieder zum Gegenstand des Unterrichts gemacht wurden. Wenn das nicht der Fall ist, dürfen wir uns als Lehrkräfte nicht darüber wundern, dass die vortragenden Schüler nur unzureichend in der Lage sind, ihre Zuhörer zu erreichen. Zu viele Einzelkompetenzen sind bei längeren Vorträgen notwendig.

⇨ Hinweise für den Unterricht:

Zu Beginn einer Einheit zum Vortragen können Sie Ihren Schülern die Kopiervorlage M 2 aushändigen. Hier erhalten die Schüler zunächst eine Übersicht der Unterrichtsplanung: Übungen zur Einleitung, zum Hauptteil und zum Schluss schließen sich an, bevor die Schüler anfangen, die eigentlichen Fachvorträge vorzubereiten. M 2 dient den Schülern außerdem als Planungshilfe, die sie bei der Vorbereitung ihrer eigenen Fachvorträge hinzuziehen können.
Wenn die Schüler bereits über umfassende Vorkenntnisse verfügen, können Sie die Vorlage auch austeilen mit dem Auftrag, alle ihnen bekannten Aspekte der Vorlage zu beschreiben und die nicht vertrauten Schritte genau zu benennen. So sehen Sie, was im Unterricht intensiver oder weniger ausführlich thematisiert werden muss.
Sie sollten in der Unterrichtsreihe keinen Schritt überspringen, denn was theoretisch beherrscht wird, ist längst noch keine praktische Fähigkeit der Schüler!
Im Anschluss an die Übersicht zur Zwanzig-Minuten-Präsentation finden sich Anregungen, wie die Phasen eines Fachvortrages systematisch eingeübt werden können.

## *Den roten Faden deutlich machen*

Die Planung und Vorbereitung umfassender Fachvorträge verlangt von den Schülern, dass sie sich zuvor mit dem Inhalt angemessen vertraut gemacht haben. Erst wenn das geschehen ist, können sie mit der konkreten Ausgestaltung des eigentlichen Vortrags beginnen.

➡ Übung:
Das eigene Interesse klären

Die folgenden Kurzinformationen gelten für alle Übungen zum roten Faden.

**Jahrgangsstufe:** 7–13
**Ziele:**
- Die innere Struktur eines Vortrags den Zuhörern so vermitteln, dass diese während des Zuhörens den roten Faden erkennen und verfolgen können
- Einen Spannungsbogen erzeugen können, um dem Publikum das Zuhören zu erleichtern

**Sozialform:** Einzelarbeit, Partner- oder Gruppenarbeit, Klassenübung
**Zeitumfang:** 45–90 Minuten
**Material:** Folien, Tafelanschrift (M 3a und M 3b)

Um die Aufmerksamkeit der Zuhörer über einen längeren Zeitraum wachzuhalten, muss der Vortragende für sein Vortragsthema eine gewisse

Begeisterung wecken. Wenn also die Schüler keine Beziehung zum Gegenstand ihres Vortrags aufbauen können, wenn sie sich für ihre Sache nicht begeistern können, dann werden sie vermutlich auch kein Interesse und keine Spannung bei ihren Zuhörern wecken können. Deshalb ist es von besonderer Bedeutung, dass die Schüler zunächst für sich klären, warum sie sich für ihr Thema interessieren. Dies muss nicht bereits vor der Einarbeitung in das Sachgebiet geschehen. Auch ein vom Lehrer vorgeschlagenes Thema kann sich im Laufe der Einarbeitung als spannend erweisen und das Interesse der Schüler hervorrufen.
Ganz zentral ist, dass die Schüler zunächst selbst zu ihrem Vortragsthema eine Beziehung aufbauen und dann überlegen, welche Relevanz ihr Thema für die Zuhörer haben könnte. Zu diesem Zweck können Sie Ihre Schüler damit beauftragen, die folgenden Fragen im Unterricht oder als Hausaufgabe schriftlich zu beantworten:

*Tafelanschrift/Folie*

**Arbeitsauftrag**

1. Klären Sie zunächst, welches Interesse Sie an Ihrem Vortragsthema haben.
2. Überlegen Sie, warum Ihre Zuhörer Ihnen eigentlich Aufmerksamkeit schenken sollten. Was macht das Thema auch für andere interessant?
3. Haben Sie schon eine Idee, wie Sie Ihren Vortrag beginnen, damit die Zuhörer Ihnen folgen werden?

Nach der Beantwortung dieser Fragen ist der Austausch in Kleingruppen sinnvoll, bei dem kritische Punkte zur Sprache kommen. Bei der Auseinandersetzung mit den Mitschülern wird für die Schüler sichtbar, ob die eigenen Hypothesen tragfähig sein können.
Wichtig wird es sein, aus der zweiten Frage konkrete Hinweise für die Gestaltung des Vortrags zu gewinnen.

Übung:
Leitende Fragestellung entwickeln

Das Gelingen eines Vortrags wird auch dadurch unterstützt, dass der Sprecher die Zuhörer anregt, die vorgetragenen Gedanken aktiv nachzuvollziehen. Ein einfaches, aber leider nur selten angewandtes Mittel, die Zuhörer innerlich zu aktivieren, ist die Verwendung einer Problemfrage. Gute Redner werden deshalb nicht einfach von ihrem „Thema" sprechen, sondern den Zuhörern eine Frage präsentieren, die sich durch den Vortrag zieht, z. B.:

> „Angeregt durch die aktuellen Nachrichten habe ich mich gefragt, wie es überhaupt zum Treibhauseffekt kommt. Und genau auf diese Frage möchte ich im Folgenden eine Antwort geben. Dazu werde ich …"

Bestehen Sie darauf, dass Ihre Schüler eine eng eingegrenzte leitende Fragestellung entwickeln. Dies bewahrt die Zuhörer vor einem beliebigen und oftmals langweiligen Referat. Dieses Vorgehen hat außerdem für die Vortragenden den Vorteil, dass sie sich noch zielgerichteter vorbereiten können.

Einige Anregungen:

| gewöhnlich | besser |
|---|---|
| Druck und seine Maßeinheit | Was ist Druck, und wie wird er gemessen? *oder* Warum steigt der Druck mit zunehmender Wassertiefe, und was bedeutet das beim Tauchen? |
| Der Beginn der Französischen Revolution in der Stadt Paris | Welche Ursachen sorgten für den Ausbruch der Revolution in Paris? *oder* Wie veränderte die Revolution das Leben in Paris im Jahr 1789? |
| Grundgrößen der Zinsrechnung | Wer möchte nicht wissen, wie er sein Geld am besten anlegen kann? Zinsrechnung hilft weiter! |

Tipp:

Schlagen Sie Ihren Schülern vor, die Überschriften der Referate als Fragen zu formulieren. Insbesondere bei Anfängern kann so die Aufmerksamkeit erhöht werden. Das funktioniert allerdings nicht mehr, wenn alle Schüler einer Klasse mit einer Problemfrage oder einer rhetorischen Frage beginnen!

Übung:
Leitende Fragestellung
ins Bewusstsein rufen

Auf die leitende Fragestellung wird ein guter Redner während seines Vortrags immer wieder hinweisen. Sie wird so gleichsam zum roten Faden für die Zuhörer. Der Vortragende wird diese Frage also nicht einfach zu Beginn der Rede aufwerfen und am Ende beantworten. Vielmehr wird er sie immer wieder anführen und so den Fortgang des Vortrags gestalten. Dazu bieten sich die Stellen im Hauptteil des Vortrags an, an denen ein neuer Aspekt angeführt wird.

*Tafelanschrift/Folie*

**Wir rufen die leitende Fragestellung ins Bewusstsein: mögliche Formulierungen**

- *Erinnern wir uns: Die Ausgangsfrage war … Vor diesem Hintergrund ist der folgende Aspekt sehr bedeutsam …*
- *Ich hatte eingangs die Frage aufgeworfen, ob … Gerade in dieser Hinsicht ist die Erkenntnis, dass … sehr wichtig.*
- *Wir verfolgen immer noch die Frage, weshalb … Dazu hat Albert Einstein gesagt, dass …*
- *Haben Sie noch die Eingangsfrage im Gedächtnis? Es ging darum, ob … Zu dieser Frage passt die Erkenntnis, dass …*
- *Sie erinnern sich! Es ging um die Frage …*
- *Behalten wir die Ausgangsfrage im Blick …*
- *…*

**Aufgabenstellung**

Entwickeln Sie für Ihren Vortrag weitere Formulierungen und notieren Sie diese an den entsprechenden Stellen auf Ihrem Stichwortzettel.

Hinweise zu den Arbeitsblättern M 3a und M 3b:
Hauptteil eines Vortrags

Die Arbeitsblätter M 3a und M 3b können Sie einsetzen, um den Schülern eine Übersicht zur Gestaltung des Hauptteils eines Vortrags zu geben. Sie finden hier ferner eine Übung, mit der die Schüler Aspekte der sprachlichen Gestaltung einüben können.

Stellen Sie Ihren Schülern die verschiedenen sprachlichen Möglichkeiten vor, den eigenen Vortrag zu strukturieren und die Aufmerksamkeit der Zuhörer zu erhöhen. Auch hier gilt: Das praktische Tun ist von besonderer Bedeutung! Fordern Sie Ihre Schüler auf, die vorgestellten Möglichkeiten in Kurzvorträgen zu realisieren. Dazu bieten sich vor allem die zuvor vorgestellten Fünf-Satz-Übungen (S. 40 ff.) an. Aber auch in den Nonsensreferaten (S. 28 ff.) können solche Techniken wirksam eingeübt werden. Nicht zuletzt sollten Sie Ihre Schüler auffordern, dies in ihren eigentlichen Vorträgen immer wieder zu beachten.
Lassen Sie gelungene Vorträge vor der gesamten Klasse halten.
Aber es ist für den Lernfortschritt *aller* Schüler unverzichtbar, dass *alle* Schüler die Übungen praktisch erproben. Das gelungene Modell ist immer nur sehr begrenzt wirksam; das eigene Sprachhandeln wird durch eigenes Tun und durch eigene Erfahrungen wesentlich wirksamer beeinflusst.



Übung:
Zum Schluss

Bereits bei der Entwicklung der leitenden Fragestellung wird deutlich, dass eine solche Einleitung in Beziehung zum Schlussteil zu bringen ist und der Spannungsbogen dort wieder aufgegriffen werden sollte. Hierfür gibt es mehrere Möglichkeiten:

- Der Redner geht auf die Ausgangsfrage ein und gibt eine zusammenfassende Antwort.
- Er wiederholt die Frage lediglich, lässt sie dabei aber offen und gibt sie an die Zuhörer weiter. So lässt sich eine anschließende Diskussion anregen.
- Er richtet eine Frage an die Zuhörer, die über die Beantwortung der leitenden Fragestellung hinausgeht.

Mitunter bereiten die Schüler den Schluss ihrer Vorträge nur oberflächlich vor. Die Kopiervorlage M 4 bietet hier eine erprobte Möglichkeit, mit den Schülern einen angemessenen Abschluss ihres Vortrags zu planen.

Übung:
Einsteigen bitte!

Erst wenn die Schüler eine leitende Fragestellung entwickelt haben, sich über den Aufbau und Ablauf ihres Vortrags im Klaren sind, können sie den passenden Einstieg in ihren Vortrag planen.

Die Einleitung gehört zu den zentralen Bestandteilen eines Vortrages. Oftmals entscheidet sich bereits an dieser Stelle, ob die Zuhörer dem Vortragenden folgen werden, oder eben nicht. Aus diesem Grund sollte der Einstieg in den Vortrag im Unterricht *gezielt* geübt werden.
Die Schüler sollen Formulierungen für ihre Einleitungen kennen lernen und einüben. Sie sollen lernen, den Anfang eines Referates so zu gestalten, dass die Zuhörer genau wissen, was der Vortragende berichten wird. So können sie Interesse bei ihren Zuhörern wecken, und diese können gleichzeitig dem Redner besser folgen, da Transparenz geschaffen wird.
Dazu können Sie auf das Arbeitsblatt M 5 zurückgreifen.

⇨ Hinweise zum Arbeitsblatt M 5: Einsteigen bitte!

Es bietet sich an, die eigentliche Entwicklung der Einleitung in Einzelarbeit durchführen zu lassen. Nur für den Vortrag selbst sollten sich die Schüler in kleinen Gruppen (à vier Schüler) zusammenfinden; hier trägt jeder Schüler seine fiktive Einleitung vor. Wenn dann noch Zeit bleibt, können einzelne Schüler ihre Einleitung der Klasse präsentieren.
Selbstverständlich können die Schüler eine ähnliche Übung auch für fiktive Themen durchführen. Erfahrungsgemäß gelingt dies aber vor allem Schülern in höheren Jahrgangsstufen, die bereits über Vortragserfahrungen verfügen. Den jüngeren Schülern ist es häufig nicht möglich, für ein erdachtes Thema eine konkrete Einleitung zu entwickeln. Ihnen fällt es leichter, wenn sie einen konkreten, möglichst gut gegliederten Sachtext (z. B. aus einem Schulbuch) als Basis verwenden. Die Inhalte des Textes sind dann der fiktive Hauptteil des Referates, für das die Schüler die Einleitung entwickeln.
Bitte beachten Sie, dass diese Art der Einleitung, wenn sie sehr schematisch vorgetragen wird, auf die Zuhörer ermüdend wirken kann. Dies gilt insbesondere dann, wenn die Schüler in recht kurzer Folge mehreren Vorträgen folgen müssen. Deshalb kann es sinnvoll sein, mit den Schülern weitere Alternativen für die Einleitung zu sammeln und hinsichtlich ihrer Wirkung auf die Zuhörer zu erproben. Dies wird dann etwa zwei bis drei Schulstunden beanspruchen. Dabei lernen die Schüler aber nicht mehr nur Einleitungen zu präsentieren, sondern auch Redewirksamkeit im Vergleich zu beurteilen.

## *Stichworttechniken*

Die angemessene Verwendung von Stichwörtern zur Vorbereitung von Fachvorträgen und als Gedächtnishilfe während des Vortrags stellt für viele Schüler eine Herausforderung dar, die weder Sie als Lehrkraft noch die Schüler selbst unterschätzen sollten. Wenn Sie Ihre Schüler unvorbereitet auffordern, für einen Vortrag Stichwörter zu notieren, dann werden Sie vermutlich bei einigen Schülern recht oberflächlich angefertigte Ansammlungen von Begriffen finden, mit denen viele Schüler einen nur unzureichenden Vortrag halten könnten. Aus diesem Grund ist es sehr bedeutsam, die Schüler mit der Anfertigung und dem Gebrauch von Stichwortkonzepten vertraut zu machen.
Die Anfertigung von Stichwörtern für einen Vortrag steht methodisch in einem engen Zusammenhang mit der Sachtexterschließung. Gerade die Identifizierung von Kerngedanken oder Schlüsselwörtern stellt hier die eigentliche Herausforderung für die Schüler dar. Ob die Schüler mithilfe von Sachtexten einen Vortrag halten oder diesen Text in schriftlicher Form weiterverarbeiten, ist an dieser Stelle nicht von zentraler Bedeutung. In beiden Fällen müssen die Schüler die Sachzusammenhänge zutreffend erschließen und zentrale Aussagen extrahieren. Was im Fall des Vortrags als Stichwort dienen kann, würde im Fall eines Aufsatzes in die Schreibplanung integriert werden.
Für den Unterricht bedeutet das, dass Sie die Arbeit mit Kerngedanken oder Stichworten frühzeitig einführen und kontinuierlich einfordern sollten. Fordern Sie Ihre Schüler immer wieder auf, Inhalte von Gesprächen, Filmen, Lehrbuchtexten, Sachbüchern, Romanen etc. zusammenzufassen und anhand dieser Notizen zu referieren. Damit können Sie bereits im 5. Schuljahr beginnen. Die Schüler sollten auch für diese Vorträge immer aufstehen und möglichst vor die Klasse treten. So werden gleich zu Beginn Grundlagen des freien Vortrags eingeübt.

⇨ Hinweise für den Unterricht:

Methodisch empfiehlt sich für den Unterricht ein Dreischritt:

1. Einzelarbeit: Die Schüler erarbeiten einen Text und notieren zentrale Aussagen oder Informationen, die sie zum Beispiel in einem Film vermittelt bekommen haben.
2. Partnerarbeit: Die Schüler tauschen ihre Ergebnisse mit dem Partner aus. Hierbei können

sie ihre Stichwörter oder Notizen korrigieren und ergänzen. Es ist sinnvoll, dass die Schüler spätestens an dieser Stelle auf eine mögliche Kurzpräsentation hingewiesen werden.

3. Klassenübung: Vor dem Plenum wird das Ergebnis vorgetragen. Jetzt zeigt sich, was die Schüler vom Text verstanden haben. Wählen Sie die Vortragenden möglichst oft per Zufall aus, so erhöht sich die Aufmerksamkeit aller Schüler.

Variationen:

- Wenn Ihre Schüler Schwierigkeiten haben, sich bei der Identifizierung von Kerngedanken auf wenige Schlüsselwörter zu konzentrieren, dann ist es sehr hilfreich, die Anzahl der zu markierenden Wörter zu begrenzen.
- Im Zusammenhang mit den Fünf-Satz-Übungen wird bereits die Verwendung von Stichwortkarten angeführt (vgl. S. 42). Aber auch die anderen hier vorgestellten Übungen können mit Stichworttechniken verbunden werden.
- Andere Formen von Stichwortzetteln können eingeführt werden. Denkbar sind Mindmaps, Flussdiagramme etc., die gleichzeitig als Visualisierung für die Zuhörer auf Folie kopiert werden können.

Übung:
Zweispaltentechnik

**Jahrgangsstufe:** 8–11
**Ziel:** Stichwortzettel anfertigen und als Hilfe für ein freies Referat verwenden
**Sozialform:** Einzel-, Partner- oder Gruppenarbeit
**Zeitumfang:** 45 Minuten
**Material:** Sachtexte in Zweispaltenanordnung (M 7a – M 7c)

Die Schüler erhalten einen überschaubaren Sachtext. Dieser soll als Grundlage für einen freien Vortrag in einen Stichwortzettel umgewandelt werden.
Zunächst lesen die Schüler die Textvorlage sorgfältig, klären ggf. unbekannte Formulierungen oder Fachbegriffe.
Danach fassen die Schüler die Sinnabschnitte durch Zwischenüberschriften zusammen.
Kernbegriffe und Einzelinformationen werden anschließend den Zwischenüberschriften zugeordnet.
Die Stichwortspalte wird vom Text abgetrennt und dient jetzt als Grundlage für den Vortrag.
Eine Einleitung und eine Zusammenfassung müssen – unabhängig von der Textvorlage – ergänzt werden.

Variationen:

- Die Stichwörter werden auf einzelne Karteikarten notiert. Auf die Rückseiten der Karten schreiben die Schüler die ausformulierte Variante. Das gibt Sicherheit.
- Ebenso können von den Schülern selbstständig angefertigte Referate in der Zweispaltentechnik vorbereitet werden. Die Vortragenden trennen dann den Stichwortzettel nicht von ihrem ausformulierten Referat ab, sprechen aber ausschließlich mithilfe der Stichworte. Nur im Notfall greifen sie auf den zusammenhängenden Text zurück.

Sie können die Vorlagen M 7a – M7c einsetzen, wenn diese thematisch in die fachspezifische Unterrichtsreihe passen. Oder Sie verwenden sie gezielt in der Unterrichtsreihe zur Vorbereitung des Vortrags, damit sich Ihre Schüler mit dem Einsatz von Stichwörtern vertraut machen.

Übung:
Symbole als Erinnerungshilfe nutzen

**Jahrgangsstufe:** vorwiegend 5–8, aber auch bis 13 möglich
**Ziel:** Mithilfe von Symbolen einen freien Vortrag halten
**Sozialform:** Einzel-, Partner- oder Gruppenarbeit
**Zeitumfang:** 45 Minuten
**Material:** beliebige Sachtexte

Alternativ zum Einsatz von Stichwörtern können Sie anregen, für einzelne Sachverhalte Symbole oder Bilder zu wählen. In der richtigen Reihenfolge angeordnet, ergibt sich daraus für die Schüler eine visualisierte Stichwortkarte. Bei dieser Methode sind die Schüler aufgefordert, nach passenden Symbolen für verschiedene Zusammenhänge zu suchen. Vor allem in den unteren Jahrgangsstufen erhöht dies die Motivation der Schüler. Daneben fördert es die Imaginationskompetenz der Schüler, die für das Lernen insgesamt von Bedeutung ist.
Gleichzeitig können die Schüler die Symbole als Folie einsetzen, mit der sie ihren Vortrag für die

Zuhörer strukturieren. Die Aufmerksamkeit der Zuhörer wird erhöht, da sie die Symbole vermutlich nicht unmittelbar in einen Sachzusammenhang bringen können. Erst anhand des Vortrags werden die Symbole und ihr Inhalt nachvollziehbar. Bei vielen Zuhörern entsteht so eine innere Spannung, die danach fragt, welche Bedeutung den Symbolen zukommt.

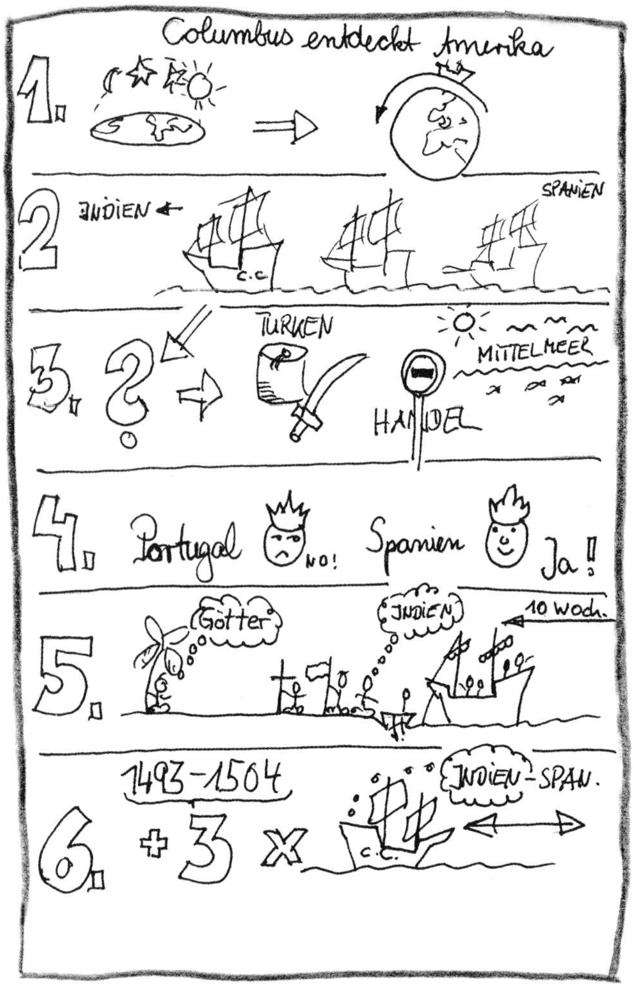


*Mithilfe dieser Folie hat eine Schülerin aus dem Jahrgang 7 über die Entdeckung Amerikas referiert.*

Übung:
Visualisierungen als Erinnerungshilfe nutzen

**Jahrgangsstufe:** 5–13
**Ziel:** Mithilfe von Visualisierungen einen freien Vortrag halten
**Sozialform:** Einzel-, Partner- oder Gruppenarbeit
**Zeitumfang:** 45 Minuten
**Material:** Sachtexte, M 8a – M 8c

Wenn die Schüler mit unterschiedlichen Visualisierungstechniken vertraut sind (Mindmap, Wortnetze, Flussdiagramme etc.), dann können Sie sie natürlich auch dazu anhalten, diese Strukturierungs- und Veranschaulichungshilfen für ihre Stichwortkarten einzusetzen.
Einfache Netze, in denen komplexe Zusammenhänge veranschaulicht werden, bieten dem Vortragenden eine wesentlich größere Sicherheit als die Aneinanderreihung von Stichwörtern. Denn durch die Verwendung von Pfeilen und Farben bleiben die sachlichen Beziehungen des Themas selbst in der Stresssituation leicht nachvollziehbar. Für die Schüler, die sich oftmals mit viel Mühe in die neue Thematik eingearbeitet haben, bedeutet diese Technik eine große Hilfe.
Es ist allerdings sehr wichtig, dass die Schüler mit den Techniken der Visualisierung vertraut sind. Andernfalls können sie diese nicht zielgerichtet und sinnvoll einsetzen. Gerade die anspruchsvollen Wortnetze (M 8c) müssen im Unterricht in der Regel sorgfältig eingeführt werden, bevor die Schüler diese selbstständig anfertigen können.
Dabei ist zu betonen, dass es sich an dieser Stelle nicht um die Anfertigung von Folien für das Publikum handelt! Was auf die Zuhörer nämlich unübersichtlich und verwirrend wirken kann, ist für den Urheber der Skizze womöglich eine wertvolle Strukturierungshilfe.

Tipps:

In den unteren Jahrgängen sollten Sie einfache Visualisierungen (Tabellen, Wortstern, Mindmap) in jedem Fall an einem konkreten Beispiel an der Tafel demonstrieren. So wird für die Schüler der Entstehungsprozess sichtbar und ist leichter nachzuvollziehen. In einem zweiten Schritt können die jüngeren Schüler dann eigenständig Visualisierungen anfertigen.
Mithilfe der Kopiervorlagen M 8a – M 8c können Schüler in den oberen Jahrgangsstufen selbstständig Visualisierungen anfertigen. Es ist sehr zu empfehlen, dass Sie selbst die Texte zunächst aussuchen und auch die Visualisierungsform vorgeben, die die Schüler realisieren sollen.
In der anschließenden Auswertung der Ergebnisse werden Sie mit den Schülern auf grundsätzliche oder individuelle Schwierigkeiten stoßen, die in der Klasse besprochen werden müssen.

# Fachvorträge vorbereiten und halten: Verschiedene Fünf-Satz-Modelle

**M 1a Kopiervorlage**

## Die Kette

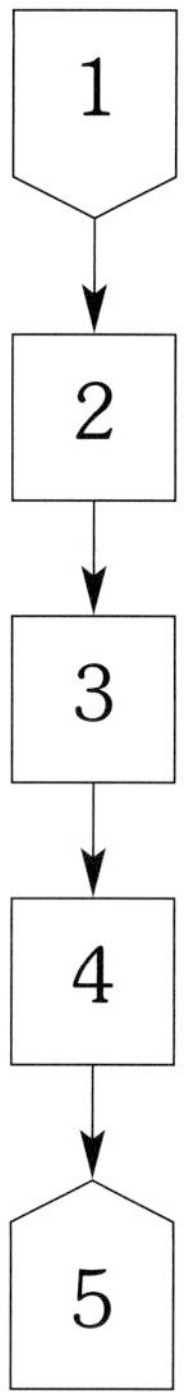


In der Kette ergibt sich das Ziel nicht aus gleichwertigen und quasi additiven Argumenten. Vielmehr geht es hier um einen logischen oder zeitlichen Ablauf.

Die logische Kette:

1. *Der Sachverhalt ist so …*
2. *Daraus folgt aber …*
3. *Das wiederum führt zu …*
4. *Dann folgt daraus wieder …*
5. *Deshalb müssen wir …*

Die zeitliche Kette:

1. *Bei der Entwicklung der Stadt im Mittelalter können wir die folgende Abfolge erkennen:*
2. *Zunächst hat …*
3. *Dann …*
4. *Nach Abschluss von …*
5. *Damit war letztlich erreicht …*

## Drei gleichwertige Argumente

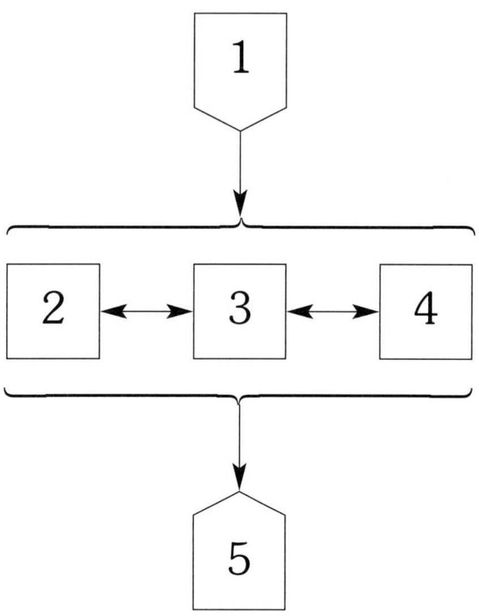


Einstiegssatz (1): Er kann an eine Situation anknüpfen oder ein Problem benennen. Es folgen drei nebengeordnete Sätze (2, 3, 4), die zu dem fünften Zielsatz hinführen. Der Zielsatz (5) ist der wichtigste. In ihm wird die Forderung oder das Ergebnis der Kurzrede deutlich betont.

1. *Der starke Autoverkehr im Wohngebiet ist ein Problem.*
2. *Kinder müssen ständig auf fahrende Autos achten.*
3. *Parkende Autos versperren die Spielfläche.*
4. *Der Lärm stört alle Anwohner.*
5. *Deswegen sollte das Wohngebiet autofrei sein.*

Oder:

1. *Weshalb hat sich der Islam in ca. 100 Jahren so schnell ausbreiten können?*
2. *Ein Grund war die innenpolitische Schwäche der angrenzenden Reiche.*
3. *Dazu kam das religiöse Sendungsbewusstsein.*
4. *Außerdem wirkte das egalitäre Gesellschaftsmodell sehr attraktiv.*
5. *Um 750 n. Chr. hatten die islamischen Araber ein Weltreich errichtet.*

## Der Vergleich

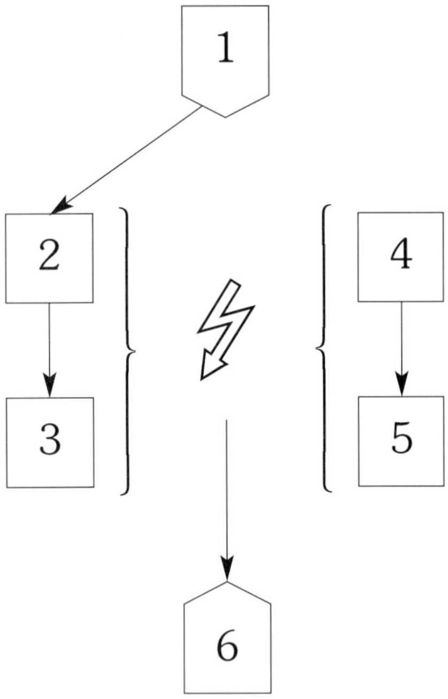


Beim Vergleich stellt der Redner zwei gegensätzliche Ansichten gegenüber (2 und 4). Dabei werden die beiden wesentlichen Begründungen für die unterschiedlichen Auffassungen (3 und 5) möglichst neutral vorgetragen. Die Auffassung des Redners, die sich von den anderen Positionen unterscheidet, wird erst nach der Vorstellung der beiden Positionen aufgezeigt (6).

1. *Im Unterricht wurden einige Behauptungen aufgestellt: …*
2. *So meint Lukas …*
3. *Dies begründet er damit, dass …*
4. *Nora jedoch sagt …*
5. *und führt als Begründung an …*
6. *Beide Aussagen überzeugen mich aber nicht, weil …*
   *Ich fordere stattdessen …*

## Der dialektische Aufbau

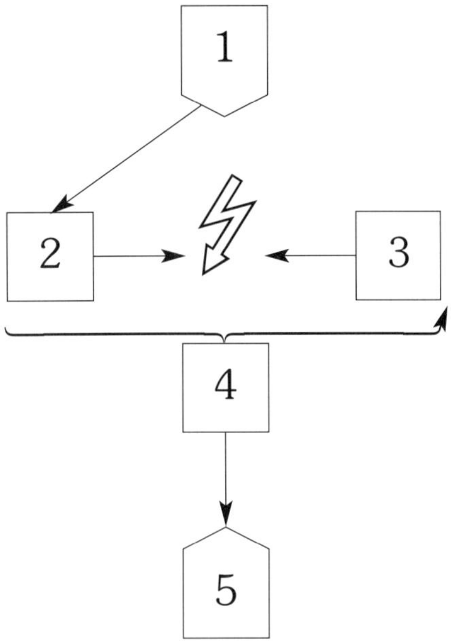


Hier werden zwei Positionen gegeneinander abgewogen. Die erste Position ist die weniger überzeugende, die zugleich Ausgangspunkt für die folgende Kritik des Redners ist.

1. *In der vergangenen Unterrichtsstunde haben wir uns mit den verschiedenen Ansätzen beschäftigt, die den Aufstieg des Nationalsozialismus zu erklären versuchen.*
2. *Im Raum steht dabei auch die These vom verführten Deutschen …*
3. *Dagegen ist aber zu sagen …*
4. *Vergleichen wir nun beide Thesen, dann …*
5. *Deshalb schlage ich vor …*

# Fachvorträge vorbereiten und halten: Verschiedene Fünf-Satz-Modelle

**M 1c**
**Kopiervorlage**

## Vom Allgemeinen zum Besonderen

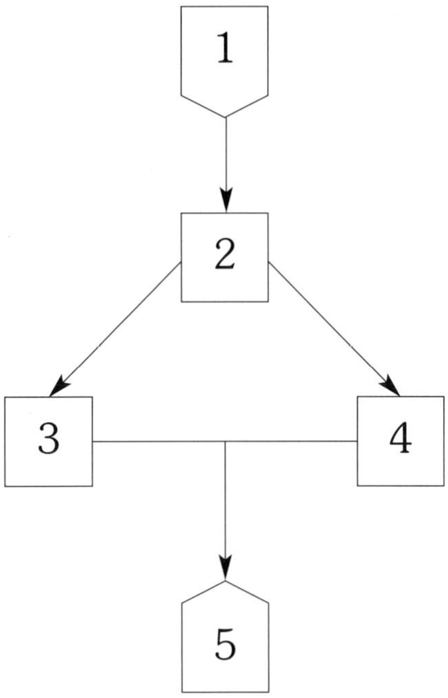


Bei diesem Redetyp steht die im Ausgangspunkt aufgestellte These (1) im Widerspruch zum Ziel (5). Dieser Widerspruch wird dadurch begründet, dass es sich um eine besondere Situation handelt, die in den Schritten 2–4 entfaltet wird.

1. *Im Allgemeinen ist das Trinken im Unterricht aus guten Gründen nicht erlaubt.*
2. *In der besonderen Situation der langen Einzelarbeit sollte dies aber anders sein.*
3. *Erstens ist erwiesen, dass die Flüssigkeitszufuhr das Denken anregt.*
4. *Zweitens lenkt ein Durstgefühl nur von der Aufgabe ab.*
5. *Beide Gründe sprechen dafür, dass die Schüler in der Stillearbeit aus wiederverschließbaren Getränkeflaschen trinken dürfen.*

**Aufgabe:**

Fertigen Sie Stichwortkarten an, auf denen Sie die Fünf-Satz-Schritte zunächst durch leere Kästchen darstellen. In diese Kästchen tragen Sie anschließend die Stichwörter für Ihre Rede ein, so dass Sie mithilfe der Karteikarte einen strukturierten Kurzvortrag halten können.

**Beispiel:**

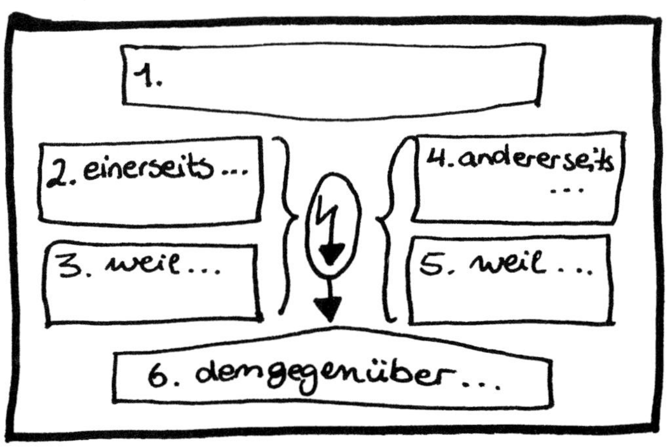


Tipp:

Verwenden Sie zur Verknüpfung der einzelnen Schritte immer Formulierungen zur Überleitung. Sie strukturieren Ihren Kurzvortrag und sind für die Zuhörer wichtige Signale. Tragen Sie die Überleitungen an die richtige Stelle auf Ihrer Stichwortkarte ein!

Mögliche Überleitungen: a) *Das führt dazu, dass …* b) *daraus folgt …* c) *also …* d) *aber …* e) *…, deshalb …* f) *…, weil …* g) *vielmehr* h) *… demgegenüber …* i) *einerseits … andererseits*

## Fachvorträge vorbereiten und halten: Der Zwanzig-Minuten-Vortrag

**M 2 Kopiervorlage**

| **Dauer** | **Phase** | **Sprachhandlung** |
|---|---|---|
| 30 Sek. | **Einstieg** | • Begrüßung, Hinführung |
| 2 Min. | **Thema und Fragestellung konkretisieren** | • Problemstellung entwickeln |
| 30 Sek. | **Ablauf** | • Transparenz schaffen, Verlauf der Präsentation skizzieren |
| *Pause* | | |
| 2 Min. | **Thematischer Überblick** | • Bereiche aufzeigen |
| 12 Min. | 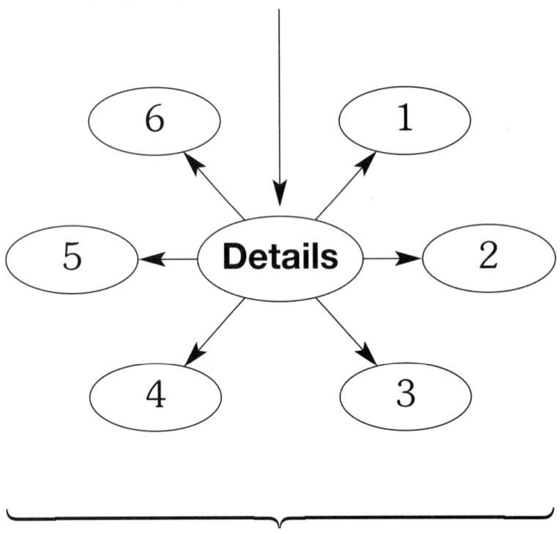  | • Aspekte deutlich voneinander trennen und Erläuterungen abschließen<br>• Überleitungen einflechten und somit Orientierungshilfen geben<br>• Wiedereinstieg erleichtern durch Gliederungspunkte |
| 1 Min. | **Essenz** | • Ergebnisse und Fragestellung wiederholen<br>• Botschaft/Appell formulieren |
| *Pause* | | |
| 30 Sek. | **Impuls** | • Konsequenz<br>• Frage an Zuhörer |
| 1 Min. | **Finale** | • konkreter Aktionsvorschlag<br>• Diskussion eröffnen |

# Fachvorträge vorbereiten und halten: Hauptteil eines Vortrags

## Das Wichtigste zum Schluss

Im Hauptteil liefern Sie den eigentlichen Inhalt Ihres Vortrags. Er ist nach seiner Wichtigkeit geordnet: Das weniger Wichtige kommt in der Regel zuerst, das Wichtigste kommt zum Schluss. Sie dürfen also nicht den Fehler machen, den Kerngedanken oder die zentrale Botschaft schon am Anfang zu formulieren und so alle Fragen zu beantworten. Bauen Sie einen Spannungsbogen auf, indem Sie die Ausgangsfrage langsam, Schritt für Schritt beantworten und so das Problem quasi einkreisen.

## Verknüpfungen herstellen

Verbinden Sie die Abschnitte im Mittelteil Ihres Vortrags sprachlich und gedanklich miteinander. Gleichzeitig sollten Sie die Ausgangsfrage immer wieder ins Bewusstsein Ihrer Zuhörer rufen. So entsteht ein flüssiger Vortrag, und die Zusammenhänge werden auch für Ihr Publikum leichter nachvollziehbar. Mögliche Redewendungen zur Verbindung der Gedanken sind:

- *Behalten wir die Ausgangsfrage im Blick …*
- *Daran schließt sich die Frage an …*
- *Daraus folgt für die Zukunft …*
- *Ein Beispiel dafür ist …*
- *Erinnern wir uns, die Ausgangsfrage war … Vor diesem Hintergrund ist der folgende Aspekt sehr bedeutsam …*
- *Im Gegensatz dazu/Andererseits …*
- *Meine Ausgangsfrage war …*
- *Wir verfolgen immer noch die Frage, weshalb … Dazu hat Albert Einstein gesagt, dass …*
- *Zum Schluss …*
- *Das Grundproblem ist …*
- *Schließlich …*
- *Darüber hinaus …*
- *Dies kommt daher, dass …*
- *Ich hatte eingangs die Frage aufgeworfen, ob … Gerade in dieser Hinsicht ist die Erkenntnis, dass … sehr wichtig.*
- *Deswegen …*
- *Sie erinnern sich! Es ging um die Frage …*
- *Haben Sie noch die Eingangsfrage im Gedächtnis? Es ging um die Frage, ob … Zu dieser Frage passt die Erkenntnis, dass …*
- …

Durch solche Formulierungen können Sie auf Ihre wichtigsten Gedanken und Argumente ausdrücklich hinweisen und so die Aufmerksamkeit der Hörer darauf lenken.

## Kurze Sätze

Auf keinen Fall dürfen Ihre wichtigen Gedanken in einem Strom unzusammenhängender Äußerungen untergehen! Formulieren Sie deshalb kurze klare Sätze. Denn je verschachtelter die Sätze, desto weniger nimmt der Zuhörer auf.

## Fachvorträge vorbereiten und halten: Hauptteil eines Vortrags

**M 3b**
**Kopiervorlage**

### Im Konzept bleiben

Wenn Ihnen während des Vortrags plötzlich ein neuer Gedanke in den Kopf kommt, lassen Sie ihn weg! Denn was Sie in Ruhe vorbereitet haben, ist wahrscheinlich besser aufeinander abgestimmt als plötzliche Gedanken. Bedenken Sie: Ihre Zuhörer sind in der Regel nicht so gut vorbereitet wie Sie. Schon aus diesem Grund ist es für Ihre Zuhörer schwierig genug, einem Vortrag zu folgen.
Eine klare Struktur ist eine Grundvoraussetzung für einen guten Vortrag. Setzen Sie diese Struktur nicht durch spontane Eingebungen, die in einer Situation höchster Anspannung entstehen, aufs Spiel!

### Aufgaben:

1. Lesen Sie die folgenden Textteile:

   *Horoskope machen unselbstständig – Zeitungshoroskope –*

   *allgemeingültige Aussagen – Zukunftsvorhersagen – Wer hat entschieden, wofür ein Stern steht? – Löwen sind herrschsüchtig, Waagen sind gerecht –*

   *Sterne beeinflussen unser Leben.*

2. Bestimmen Sie das Thema Ihres Übungsreferates zu den Textteilen.
3. Bringen Sie die Textteile in eine angemessene Reihenfolge. Orientieren Sie sich an den obigen Hinweisen.
4. Überlegen Sie genau, wo Sie einige der Verknüpfungen in Ihr Übungsreferat einbauen können. Formulieren Sie kurze Sätze.
5. Tragen Sie Ihre Notizen als Kurzvortrag in einer Kleingruppe vor und achten Sie dabei auf die angemessene Verwendung einiger Redewendungen.
6. Werten Sie in der Kleingruppe Ihren Vortrag aus. Nehmen Sie dabei die ersten drei Aspekte in den Blick.
7. Überlegen Sie für sich, ob Sie versucht waren, spontan den Vortrag zu verändern oder zu ergänzen.

Bereiten Sie zu Hause den Hauptteil eines Fachvortrags Ihrer Wahl vor. Berücksichtigen Sie dabei die ersten drei Hinweise.

Halten Sie den Vortrag in einer Kleingruppe oder vor der Klasse und überlegen Sie gemeinsam, ob Sie die Formulierungen angemessen angewendet haben.

# Fachvorträge vorbereiten und halten: Zum Schluss

**M 4 Kopiervorlage**

In der Einleitung haben Sie eine Frage aufgeworfen und so einen Spannungsbogen erzeugt. Ihre Zuhörer erwarten nun eine Antwort. Diese Erwartung haben Sie bewusst geweckt, denn sie erhöht die Aufmerksamkeit der Zuhörer.
Am Ende des Vortrags muss die Frage wieder in den Mittelpunkt der Ausführungen gestellt werden. In den Schlussteil gehört das, was sich Ihre Zuhörer merken oder worüber sie nachdenken sollen. Die besondere Bedeutung sollten Sie auch entsprechend sprachlich hervorheben. Dafür stehen Ihnen verschiedene Möglichkeiten zur Verfügung:

- Erinnern Sie an die Ausgangsfrage und geben jetzt eine zusammenfassende Antwort.

> *Ich fasse noch einmal knapp zusammen …*

- Fassen Sie die von Ihnen genannten Punkte zusammen und bündeln Sie diese zur abschließenden Aussage.

> *Die Frage, die sich durch meinen Vortrag gezogen hat, war, ob die Osterweiterung der Europäischen Union für Deutschland von Vorteil ist. Vor dem Hintergrund meiner Ausführungen kann ich sagen, dass …*

> *Welche Bedeutung hat also jetzt die Osterweiterung der Europäischen Union für die Wirtschaft Deutschlands? Ich meine, darauf einige Antworten gegeben zu haben. Fassen wir zusammen …*

- Sie können die Frage aber auch lediglich wiederholen, ohne sie zu beantworten. Sie lassen die Antwort somit bewusst offen und regen so vielleicht schon eine Diskussion an.

> *Anfangs hatte ich die Frage aufgeworfen, warum ein modernes Klärwerk immer drei verschiedene Reinigungsstufen besitzen sollte. Jetzt seid ihr der Antwort hoffentlich ein gutes Stück nähergekommen.*

- Nach der abschließenden Antwort können Sie auch eine über die Antwort hinausgehende Frage an die Zuhörer richten und so ebenfalls eine Diskussion eröffnen.

> *Vor dem Hintergrund dieser Informationen stellt sich eine neue Frage, auf die ich selbst auch noch keine Antwort kenne. Vielleicht können wir diesbezüglich miteinander diskutieren?*

Verändern Sie die Formulierungen oder überlegen Sie sich neue, so dass sie zu Ihrem Vortrag passen. So erhalten Sie noch einmal die volle Aufmerksamkeit.

Bedenken Sie: Mit dem Schlussteil sollten Sie den eigentlichen Vortrag klar beenden. Machen Sie eine kurze Pause oder bedanken Sie sich bei den Zuhörern für die Aufmerksamkeit, bevor Sie sie zu einer Diskussion einladen.

## Fachvorträge vorbereiten und halten: Einsteigen bitte!

**M 5**
**Kopiervorlage**

Gestalten Sie den Einstieg Ihres Vortrags so, dass Ihre Zuhörer genau wissen, was sie erwartet. So können Sie als Sprecher Interesse bei Ihrem Publikum wecken, das Ihnen besser folgen kann.

Wenn Sie sich bereits für ein Thema entschieden haben und über die Sache gut informiert sind, können Sie anfangen, die Einleitung des Referates vorzubereiten.
Dabei sollten Sie Folgendes beachten:

- Zuerst müssen Sie Ihr Thema genau beschreiben. Dabei sollten Sie auch sagen, welche Aspekte Sie nicht behandeln werden. Mögliche Formulierungen könnten sein:

  *„Mein Thema lautet …“*
  *„Dabei behandele ich insbesondere …“*
  *„Ich werde allerdings nicht eingehen auf die Frage …“*

- Danach informieren Sie die Zuhörer, warum Sie dieses Thema gewählt haben. Was hat das Thema mit Ihnen, aber auch mit den Zuhörern zu tun? Warum sollte man Ihnen zuhören?
  Mögliche Gründe können sein: Persönliches Interesse oder persönliche Betroffenheit, Sie haben sich darüber aufgeregt, Sie wollten zum Thema schon immer mehr wissen, aktueller Anlass usw.

  *„Ich habe dieses Thema gewählt, weil …“*

- Wie ist Ihr Referat aufgebaut? An dieser Stelle der Einleitung legen Sie für Ihre Zuhörer offen, in welcher Reihenfolge Sie die einzelnen Aspekte des Themas vortragen werden.

  *In meinem Referat gehe ich so vor:*

  *Zunächst werde ich euch erklären … /Als erstes möchte ich darstellen …*

  *Dann werde ich auf die Ursachen eingehen … /Im nächsten Schritt gehe ich ein auf …*

  *Schließlich will ich deutlich machen, welche Folgen daraus für uns entstehen … / Als letzten Punkt möchte ich …*

  Aber seien Sie vorsichtig: Einleitungen werden langweilig, wenn alle Schüler die gleichen Formulierungen verwenden. Hier ist also Fantasie gefragt!

- Jetzt ist die Einleitung zu Ende. Sie leiten zu dem ersten inhaltlichen Punkt über. Eine kleine Pause ist hier unbedingt notwendig, damit die Zuhörer alles verarbeiten können – zählen Sie in Gedanken bis 10!

  *Ich komme zu meinem ersten Punkt …*

**Fachvorträge vorbereiten und halten: Wie bauen Sie Ihren Vortrag auf?** | **M 6 Kopiervorlage**

## Die Einleitung: Interesse und Neugier wecken

Überlegen Sie, wie Sie bei Ihren Zuhörern Interesse und Neugier wecken können für das, was auf sie zukommt. Hier sind einige Tipps:

- Stellen Sie themenbezogene, ‚überraschende' Fragen, die nach ‚überraschenden' Antworten verlangen.
- Erzählen Sie eine lustige, ‚exotische', aber trotzdem themenbezogene Anekdote.
- Beginnen Sie mit einem überraschenden Ergebnis aus der Beschäftigung mit dem Thema.
- Nennen Sie die wichtigsten Zielsetzungen Ihres Vortrags.

## Der Hauptteil: Klarer Inhalt, klare Struktur

- Organisieren und strukturieren Sie die Informationen, die Sie gerne vermitteln möchten, so dass Ihre Zuhörer problemlos folgen können.
- Benutzen Sie dazu die Strukturen und Organisationsprinzipien, die Sie in den zugrunde liegenden Texten vorfinden, orientieren Sie sich z. B. an Inhaltsverzeichnissen, Kapitelüberschriften etc.
- Unterscheiden Sie nicht nur bei der Gesamtpräsentation, sondern auch bei längeren Abschnitten zwischen den Teilen Einleitung, Hauptteil und Schluss. Wenden Sie auch hier die genannten Gestaltungsprinzipien an (vgl. M 3a–M 3b).

## Der Schluss: Ergebnis herausstellen

- Wiederholen Sie die wichtigsten Ergebnisse Ihrer Arbeit.
- Teilen Sie Ihre persönlichen Einschätzungen mit.
- Ermuntern Sie Ihre Zuhörer dazu, Ihre Aussagen zu kommentieren und zu diskutieren.
- Präsentieren Sie Ihre Ergebnisse/Erkenntnisse in Form von provokativen Aussagen.
- Nennen Sie die Fragen, die selbst nach intensiver Beschäftigung mit dem Thema noch offen geblieben sind.
- Verweisen Sie auf die Einleitung.
- Leiten Sie über in eine Diskussion, indem Sie mit einer provokativen Frage die Zuhörer auffordern zu diskutieren.

| Ausgangstext | Stichwortspalte |
| --- | --- |
| **Das Märchen**<br><br>Der Begriff Märchen ist die Verkleinerungsform von *maere*, dem mittelhochdeutschen Wort für Bericht, Erzählung, Gerücht. Märchen sind kürzere Erzählungen. Die Handlung spielt in einer unbestimmten Vergangenheit („Es war einmal …“, „In den alten Zeiten, als das Wünschen noch geholfen hat …“). Auch der Ort der Handlung ist unbestimmt („In einem Königreich …“, „Es war ein Dorf …“). Märchen enthalten viele fantastische Elemente wie Zauberei und Verwandlung in Tiere, Menschen oder Gegenstände. Es kommen auch sprechende Tiere, Feen, Hexen usw. vor. Manches ist dagegen wirklichkeitsnah erzählt. Oft erfährt man z. B., wie arme Menschen in früherer Zeit lebten, welches Schicksal Kinder ohne Eltern hatten oder man lernt etwas über den Streit zwischen Geschwistern. Die Handlung im Märchen ist einfach, ein Ereignis reiht sich an das andere. Gut und Böse kann man meist leicht unterscheiden. Am Schluss werden die Guten belohnt, die Bösen werden oft grausam bestraft. Märchen wurden früher unter Erwachsenen als Zeitvertreib erzählt. Erst um das Jahr 1800 wurden sie von Schriftstellern gesammelt und dann gedruckt. Die bekanntesten deutschen Märchensammler sind die Brüder Jacob und Wilhelm Grimm. Sie ließen sich Märchen erzählen und schrieben sie auf. Dabei veränderten sie sie manchmal. So entfernten sie z. B. besonders grausame Stellen. Sie setzten die Geschichten auch in die Vergangenheit und fügten wörtliche Reden ein. Ihr Buch „Kinder- und Hausmärchen“ erschien in zwei Bänden zuerst 1812 und 1815. Es wurde sehr erfolgreich. Nun konnte man Märchen auch vorlesen. | |

# Fachvorträge vorbereiten und halten: Zweispaltentechnik

**M 7b Kopiervorlage**

| Ausgangstext | Stichwortspalte |
|---|---|
| **Was versteht die Literaturwissenschaft unter einem *Symbol*?**<br><br>Wenn wir uns heute im Straßenverkehr bewegen, orientieren wir uns mithilfe von Verkehrszeichen. Aber auch im Rathaus, im Hallenbad oder am Flughafen werden wir durch Zeichen geleitet. Wir leben in einer Welt der Zeichen, in der wir uns nur orientieren können, da wir die Zeichensprache beherrschen. Eine Automarke, die Sportbekleidung oder auch bestimmte Getränke erkennen wir unmittelbar an ihrem jeweiligen Symbol.<br>Auch die Literatur lebt von Zeichen. Oftmals steht ein wahrnehmbares Zeichen oder Sinnbild stellvertretend für das, was wir nicht unmittelbar wahrnehmen können. Die Liebe ist zum Beispiel nicht unmittelbar sichtbar. Das Herz dient daher oftmals als ihr Symbol.<br>Wenn diese wahrnehmbaren Zeichen eine tiefere Bedeutung signalisieren, sprechen wir von Symbolen.<br>In einer Kultur stehen gewisse wahrnehmbare Dinge für etwas Bestimmtes. Jeder, der mit dieser Kultur vertraut ist, erkennt auch unmittelbar die Bedeutung. Wer heute an einem Autohaus einen Stern sieht, erkennt unmittelbar, für welches Produkt der Stern steht. Das Kreuz ist für Christen das Symbol für die Erlösung, die Rose ist ein Symbol für Schönheit und Anmut oder ein Netz ein Symbol für weitläufige Verknüpfungen.<br>Das griechische Wort *symbolon* bedeutet Erkennungszeichen/Merkmal und meinte ursprünglich ein verabredetes Geheimzeichen. Wer zum Beispiel diese Zeichen mit sich führt, der bekommt Zutritt zu einer bestimmten Versammlung. Wenn das Zeichen passt, vermittelt es die Botschaft, der Träger hat Zutritt. Das Zeichen muss eben genau passen. Das ist auch wichtig für einen guten Text. Die „Zeichensprache" muss stimmen, das Symbol soll zu dem, was es ausdrücken will, passen.<br>Rilkes Gedicht *Der Panther* von 1903 ist eines der bekanntesten „Dinggedichte". Der unablässig im Käfig hin- und herstreifende Panther ist in diesem Gedicht ein Symbol für das Gefangensein. Zu denken ist hier auch an die Kraniche, die als bedrohliches Zeichen des Verhängnisses in der Schillerschen Ballade *Die Kraniche des Ibykus* am Himmel erscheinen. Die *Judenbuche* in der gleichnamigen Novelle der Droste Hülshoff steht für den Fluch, der auf einem Verbrechen lastet. | |

| Ausgangstext | Stichwortspalte |
| --- | --- |

**Was versteht die Literaturwissenschaft unter einer *Utopie*?**

Utopia ist ein aus dem Griechischen abgeleitetes Wort, das etwa mit „Nicht-Ort" zu übersetzen ist. Im Jahr 1516 erschien die Beschreibung eines idealen Staates irgendwo auf einer Insel. Der Autor Thomas Morus aus England gab diesem nicht wirklich vorhandenen Staat den Namen *Utopia*. Mit diesem Namen wollte Morus ausdrücken, dass es ein ideales Staatsgebilde in Wirklichkeit nicht gibt. Aber vielleicht geht dieser Traum von einem idealen Staat doch einmal in Erfüllung.

Diese Schrift regte wieder andere Schriftsteller und Denker an, weitere Utopien zu entwickeln. So hat der Italiener Campanella etwa 1612 in seinen *Sonnenstaat* eine andere Utopie entwickelt. Und schon rund 400 Jahre vor der christlichen Zeitrechung beschrieb der griechische Philosoph Platon mit seiner *Politeia (Der Staat)* die erste europäische Staatsutopie. In diesem Text entwickelte er seine Vorstellungen von einem idealen Staat. Besonders viele utopische Romane entstanden in der Zeit der Aufklärung im 18. Jahrhundert. In der *Insel Felsenburg* von J. G. Schnabel (um 1730) bauen zwei auf eine einsame Insel verschlagene Menschen mit ihren Kindern und Enkeln eine bessere neue Welt der Gerechtigkeit und Liebe auf. Die Geschichte des *Robinson Crusoe* von Daniel Defoe gehört auch in die Reihe der Utopien. Robinson fängt auch auf seiner Insel ganz neu an und wird ein besserer Mensch. Dieses Buch war für viele Utopien der Zeit ein Vorbild.

Der Sience-Fiction-Roman kann als moderne Form der Utopie verstanden werden. In ihr wird eine vom technischen und wissenschaftlichen Fortschritt ermöglichte oder erwartete Zukunftswelt beschrieben, die mitunter ein positives Bild der Zukunft aufzeigt. Moderne Utopien zeichnen dahingegen eher eine düstere, pessimistische Menschheitsentwicklung. Zwei bekannte Beispiele dafür sind George Orwells Buch mit dem Titel *1984* und Aldous Huxleys *Schöne neue Welt*.

**Fachvorträge vorbereiten und halten: Anschauliche Stichwortzettel** | **M 8a Kopiervorlage**

# Visualisieren Sie Strukturen!

Im Kern lassen sich drei unterschiedliche Strukturen unterscheiden, für die hier Beispiele aufgeführt sind.

## Aspekte zu einem Thema sammeln

In vielen Fällen lassen sich einzelne Aspekte zentral vernetzen. Sie sind auf eine Fragestellung bezogen, und sie können nebeneinander dargestellt werden. Dinge werden aufgezählt, gesammelt oder sortiert. Dies kann man z. B. mit Tabellen, Mindmaps aber auch mit Wortsternen tun.

Der Wortstern ist eine einfache Zentralstrukturierung, die von innen nach außen und im Uhrzeigersinn gelesen wird. Das vorliegende Beispiel könnte ein Student entwickelt haben, der Lehrer werden möchte. Er hat vielleicht im ersten Semester ein Seminar zum „professionellen Lehrer" besucht.
Der Student wird in seinem Vortrag vermutlich zunächst zu seiner Problemfrage hinführen (1) und anschließend mithilfe seiner Stichworte die einzelnen Aspekte darlegen (2). Sein Fazit hat er deutlich hervorgehoben (3).

Kennen Sie Mindmaps? Sie sind ebenfalls eine Zentralstrukturierung. Sie unterscheiden sich von dem Wortstern dadurch, dass sie – sofern man dem Erfinder der Mindmaps Tony Buzan folgt – farbig sind, dünne und dicke Äste aufweisen, auf den Ästen in Druckbuchstaben geschrieben wird und immer Symbole oder Zeichnungen beinhalten, die den Inhalten zugeordnet werden.

Die folgende Mindmap hat ein Schüler auf festen Karton im DIN-A5-Format gezeichnet und als Hilfestellung für seinen Fachvortrag zu Karl dem Großen genutzt.

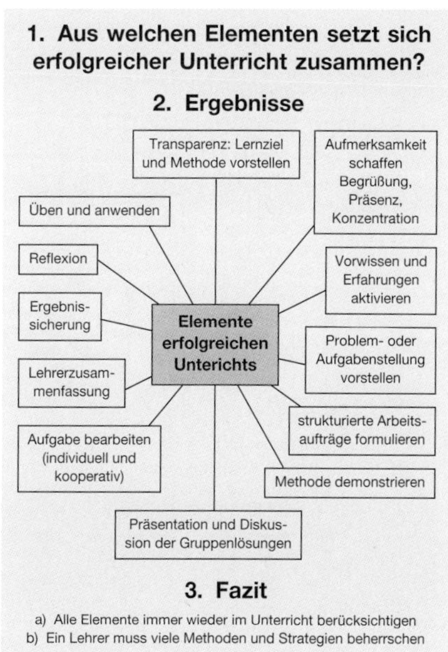


*Wortstern*

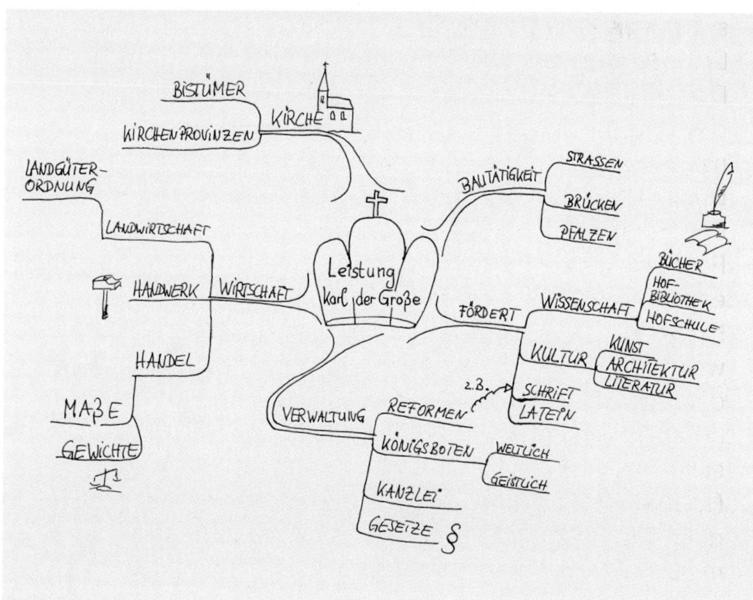


*Mindmap*

Entscheiden Sie, welche Form der Stichwortsammlung für Sie gut geeignet ist.

4 Fachvorträge vorbereiten und halten

**Abläufe darstellen**

Nehmen wir einmal an, Sie müssten in einem Vortrag erklären, weshalb aus dem antiken Rom ein Weltreich geworden ist. Dann bekommen Sie vermutlich einen Text, in dem sich mehr oder weniger deutlich die Antwort befindet. Diesen Text lesen Sie dann und schreiben die Antworten heraus. Sie werden vermutlich feststellen, dass die Antworten nicht in einem Stichwort zusammenzufassen sind. Sie werden ferner feststellen, dass die Antworten aus Ursachenketten bestehen: „Weil das so war, folgte das, daraus folgte wiederum jenes, welches wieder dafür verantwortlich war, dass …"

Hier bieten sich Flussdiagramme an. In ihnen wird – ausgehend von einer Problemfrage – die Ursachenkette visualisiert, so dass das Ergebnis das Ende des Diagramms darstellt.

Vor einem ähnlichen Problem stand auch der Schüler der 10. Jahrgangsstufe, der in der Mountainbike-AG der Schule erklären musste, wie man vorgeht, wenn der Luftdruck eines Fahrradreifens abfällt. Kurz: Was ist bei einer Reifenpanne zu tun?

Der Schüler hat für seinen Vortrag vor der Gruppe ein Flussdiagramm angefertigt und seine Stichwortkarteikarte in die drei Abschnitte A, B und C gegliedert.

Es ist zu wünschen, dass anschließend alle Zuhörer die Gelegenheit bekommen, das Vorgehen (Reifen reparieren) selber zu erproben.

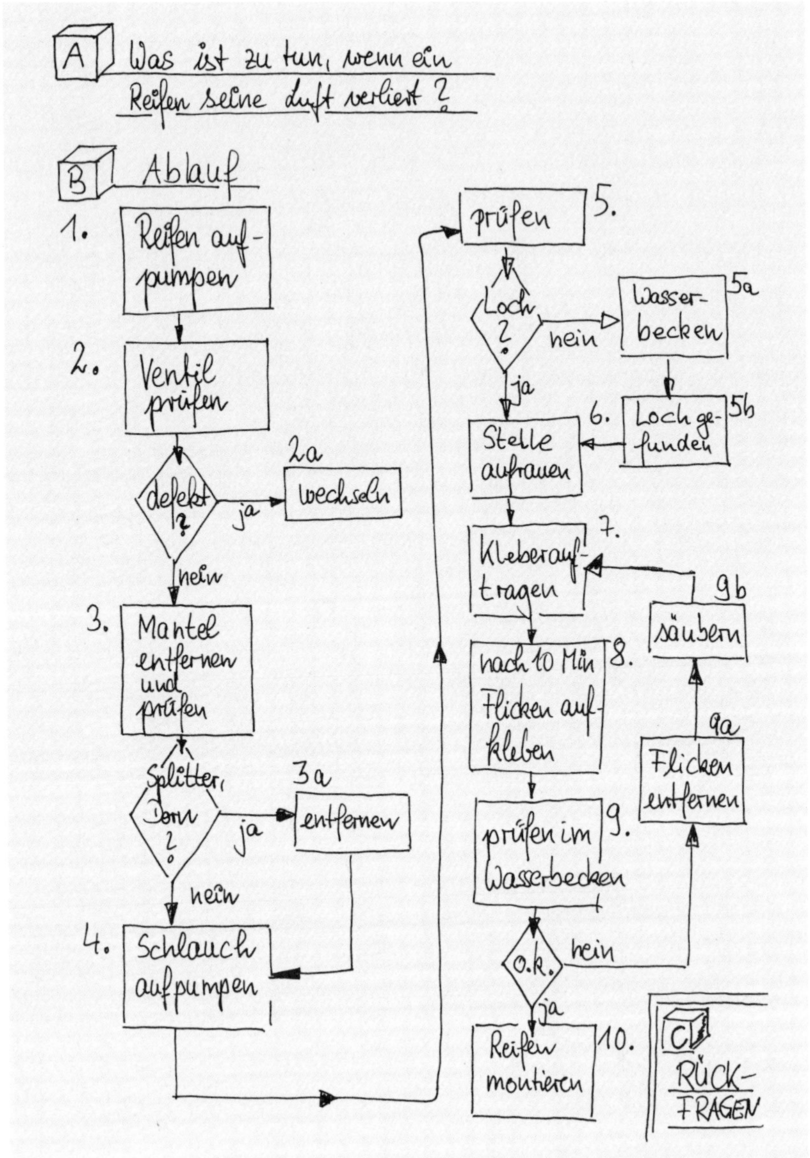

# Fachvorträge vorbereiten und halten: Anschauliche Stichwortzettel

**M 8c Kopiervorlage**



## Komplexe Zusammenhänge oder Argumentationen sichtbar machen

Viele Referatsthemen lassen sich nur schwer in logische Ketten pressen oder sind durch eine Aufzählung von Stichwörtern nicht angemessen erfasst. Zwischen einzelnen Aspekten gibt es Beziehungen und Querverbindungen, das Thema ist mehr als ein Ablauf oder eine einfach einteilbare Sammlung von Aspekten.

Erscheint Ihnen Ihr Vortragsthema als ein Netz, in dem die einzelnen Aspekte miteinander in Verbindung stehen, dann sind Begriffsnetze (auch Strukturnetz oder Conceptmap genannt) die angemessene Darstellungsform.

Das folgende Begriffsnetz hat ein Schüler für seinen Vortrag im Fach Physik als Stichwortgerüst genutzt.

**Wie funktioniert ein Pumpspeicherkraftwerk?**

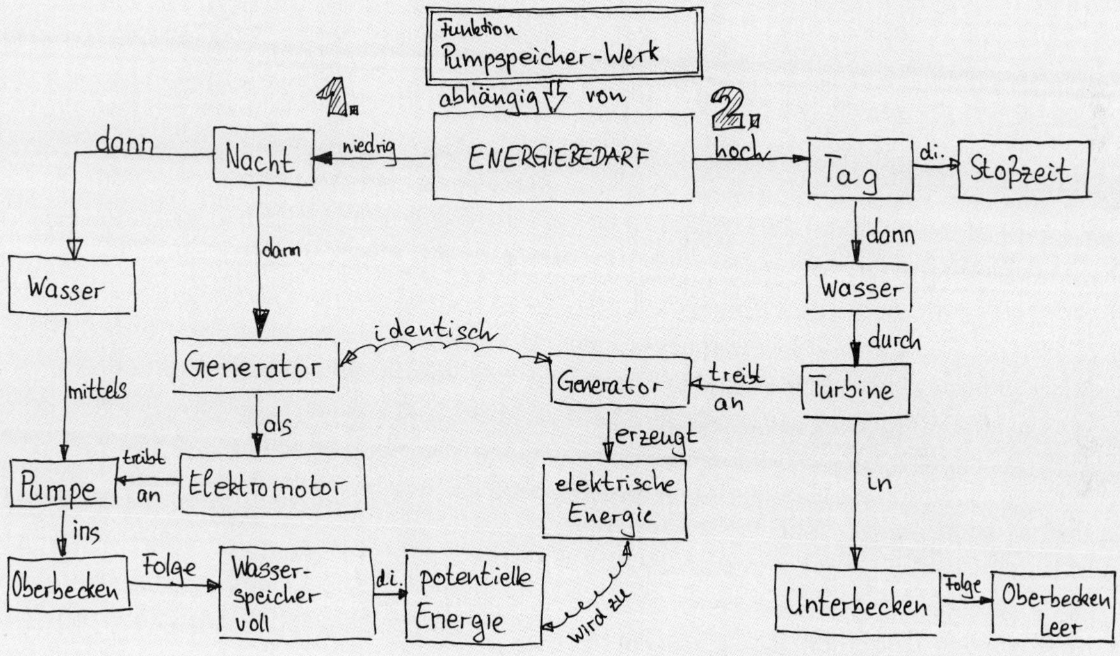


### Aufgaben:

1. Bereiten Sie einen Kurzvortrag vor. Suchen Sie sich einen maximal einseitigen Text aus und überlegen Sie, welche Strukturierung für den Text angemessen sein könnte.
2. Erschließen Sie den Text zunächst sorgfältig, so dass Sie mit der Sache gut vertraut sind.
3. Fertigen Sie dann eine Stichwortkarte mit visueller Strukturierung für den anschließenden Vortrag an.
4. Überlegen Sie nach dem Vortrag, welche Vor- oder Nachteile die Strukturierung für Sie hatte.

# 5. Körpersprache und Zuhöreraktivierung

## 5.1 Einführung

Die Körpersprache ist ein sehr persönliches Element. Wer eher zurückhaltend auftritt oder unsicher vor Gruppen ist, der wird Gesten immer nur mit Mühe einsetzen können. Auf der anderen Seite können wir beobachten, dass die Schüler durchaus gezielt einzelne Gesten verwenden. Denn im Verlauf einer Unterrichtsreihe, in der bewusst mit Gesten gearbeitet wird, gewinnen viele Schüler Sicherheit und entwickeln eine variantenreiche Körpersprache. Es lohnt sich also, im Unterricht das Augenmerk auf die für den Gesamteindruck eines Redners sehr bedeutsame Körpersprache zu legen. Dazu finden Sie im Folgenden eine Vielzahl von praktischen Übungen.

## 5.2 Übungen

### *Haltung und Stand*

Wie sollten Vortragende vor ihren Zuhörern stehen? Der neutrale Stand ist die beste Ausgangsposition für alle Varianten des Stehens und die angemessene Grundposition während einer Rede: Dazu steht der Schüler etwa hüftbreit, seine Füße sind annähernd parallel und das Gewicht ist auf beide Füße gleichmäßig verteilt.
Ob der Schüler während seines Vortrags ruhig stehen bleibt oder seine Position verändert, hängt ganz von ihm selbst ab. Denn was für den einen angemessen ist, mag der andere schon als zu unruhig oder – im Gegenteil – als zu statisch empfinden. Weisen Sie Ihre Schüler jedoch darauf hin, dass ruhige und maßvolle Bewegungen im Raum den Kontakt zu den Zuhörern erhalten.
Die folgenden Übungen können sehr gut ohne Schuhe durchgeführt werden. Über den unmittelbaren Kontakt zum Boden werden die Schüler ungleich stärker für einen stabilen Stand sensibilisiert, als wenn die Übung mit Schuhen durchgeführt wird.

➜ Übung:
Wie finden die Schüler einen sicheren Stand?

Die folgenden Kurzinformationen gelten für alle Übungen zur Haltung und zum Stand.

**Jahrgangsstufe:** 5–13
**Ziel:** Bewusstsein für die eigene Körperhaltung gewinnen
**Sozialform:** Klassenübung
**Zeitumfang:** variabel
**Material:** – – –

Fordern Sie Ihre Schüler auf, langsam Ihren Anweisungen zu folgen:
Stellen Sie sich vor Ihre (gedachten) Zuhörer.
Atmen Sie einmal in Ruhe ein und wieder aus.
Stellen Sie die Füße hüftbreit auseinander und suchen Sie sicheren Bodenkontakt.
Schwingen Sie nun ruhig mit dem Körper vor und zurück, dann nach rechts und nach links, zuletzt im Kreis (im und gegen den Uhrzeigersinn).
Spüren Sie dabei die Gewichtsverlagerung (Fußballen, Ferse, Außen- und Innenrist) und pendeln Sie sich so auf Ihre Mitte ein.
Spüren Sie nach: Wie beeinflusst der Abstand der Füße zueinander die Gewichtsverteilung? Wie verändert die Stellung der Füße den gesamten Körperausdruck? Hat sie Auswirkungen auf die gesamte Körperhaltung?
Anm.: Weit auseinandergestellte Füße vermitteln den Anspruch auf Raum. Stehen die Füße zu weit auseinander, erinnert die Haltung eher an einen Cowboy.

➜ Übung:
Welche Haltung ist angemessen?

Der sichere Stand mit beiden Füßen ist nicht gleichzusetzen mit der gesamten Körperhaltung. Aber ohne „Bodenhaftung" kann der Sprecher keine Sicherheit durch seine Haltung ausstrahlen. Und welche Haltung die Schüler einnehmen, zeigen sie oft schon ohne Worte: Die Parole „Brust raus, Bauch rein" wirkt, insbesondere bei geschlossenem Stand, wie auf dem Exerzierplatz. Dagegen wirkt ein eingesunkenes Brustbein, als ob der Schüler im wahrsten Sinne des Wortes „sich hängen" ließe oder „geknickt" sei. Bereits ein um wenige Zentimeter gehobener Kopf kann den Vortragenden arrogant oder hochnäsig erscheinen lassen. In vielen Fällen wird eine gelassene und freundliche Haltung die Wirkung eines Vortrags unterstützen.
Durch die folgenden Übungen soll das Bewusstsein für die eigene Körperhaltung gefördert werden.

Fordern Sie Ihre Schüler auf, langsam Ihren Anweisungen zu folgen:
Lassen Sie Ihren Kopf hängen und richten Sie ihn langsam wieder auf.
Eine angenehm aufrechte Haltung können Sie so erreichen:
Stehen Sie breitbeinig,
lassen Sie den Oberkörper vornüber sinken. Dabei sollten Sie nicht wippen.
Bleiben Sie so lange in dieser Position (mit dem Kopf nach unten) stehen, wie es Ihnen nicht unangenehm ist.
Achten Sie dabei darauf, dass die Atmung fließt.
Der Kopf hängt, der Hals wird immer länger, die Rückenmuskulatur gibt zum Boden nach.
Richten Sie sich nun *langsam* auf, *Wirbel für Wirbel*. Die Atmung fließt gleichmäßig weiter, der Kopf hängt und wird erst ganz zum Schluss aufgerichtet.
Nun stehen Sie ganz natürlich und ohne Übertreibung gerade aufgerichtet.

Übung:
Dem Zusammenhang von Haltung und Aussprache nachspüren

Wer mit Schülern theaterpädagogisch gearbeitet hat oder eigene Erfahrungen darin besitzt, der wird bestätigen, dass zwischen der Haltung und der Aussprache ein unmittelbarer Zusammenhang besteht. In gekrümmter Haltung selbstbewusst zu sprechen, ist ungleich schwieriger, als dies mit geschwellter Brust zu tun.
Die Schüler sagen immer den gleichen Satz, möglichst mit dem gleichen z. B. freudigen Ausdruck:

*Ich werde in Zukunft nur noch Erfolge nach Hause bringen!*

Die Schüler verändern die Körperhaltungen:

- *stolz aufgerichtet*
- *zusammengesunken*
- *auf einem Bein stehend*
- *kauernd*
- *liegend*
- *gelassen und entspannt*

Mithilfe dieser Übung können die Schüler feststellen, dass es ausgesprochen schwierig sein kann, den gewählten Ausdruck in einer nicht dazu passenden Körperhaltung beizubehalten. Somit gibt es auch keine verbindliche Antwort auf die Frage nach der angemessenen Haltung. Diese ist immer vom Inhalt der Aussage abhängig. Wer aber eine offene Haltung einnimmt, der wird eben auch stimmlich besser bei seinen Zuhörern ankommen.

## *Das Auge hört mit: Gesten einsetzen*

Übung:
Annäherung an die eigene Körpersprache

**Jahrgangsstufe:** 5–13
**Ziel:** Spielerisch den Einsatz von Körpersprache erproben
**Sozialform:** Gruppen- oder Klassenübung
**Zeitumfang:** 45 Minuten
**Material:** Kärtchen (M 1a und M 1b)

Zur Vorbereitung des Spiels werden die Vorlagen M 1a und M 1b kopiert.
Am besten fertigen Sie verschiedenfarbige Kärtchenstapel an, z. B. M 1a rot, M 1b grün.
Ein Schüler zieht aus jedem Stapel je ein Kärtchen, z. B. „traurig" und „im Bus ohne Sitzplatz". Er spielt die Szene nur durch Körpersprache, d. h. ohne zu sprechen. Die anderen Schüler sollen aus Mimik, Gestik und Körperhaltung möglichst genau auf diese Situationen schließen können.

Variation:

Die Klasse wird in eine Gruppe A und in eine Gruppe B geteilt. Jeder Schüler hat wie oben beschrieben zwei Karten gezogen und spielt die Situation mit der Stimmung vor. Die gegnerische Gruppe rät und erhält für jede erratene Situation einen Punkt.
Hierbei ist ein Zeitlimit sinnvoll.

Übung:
Spiegeln

Die folgende Übung führt zu einer besseren Wahrnehmung der eigenen und der fremden Körpersprache. Zudem löst sie bei vielen Schülern die Verspannungen oder reduziert die Ängste, die bei der Arbeit an der eigenen Körpersprache häufig zu beobachten sind.

**Jahrgangsstufe:** 5–11
**Ziele:** – Sensibilisierung für die Körpersprache
– Lockerung
– Vertrauen schaffen
**Sozialform:** Partnerarbeit
**Zeitumfang:** mind. 10 Minuten
**Material:** – – –

Je zwei Partner stehen sich schweigend gegenüber. Während ein Partner seine Gesten bzw. Bewegungen frei durchführt, hat der andere Schüler die Aufgabe, dessen Spiegelbild darzustellen.
Er sollte deshalb versuchen, möglichst alle Bewegungen und seine Haltung präzise zu spiegeln.
In einer zweiten Runde tauschen die beiden Partner ihre Rollen.
In einem dritten Durchgang gibt es keine festgelegten Rollen. Beide Partner versuchen – immer noch ohne zu sprechen – sich möglichst spiegelbildlich zu bewegen.
In Abhängigkeit von der zur Verfügung stehenden Zeit sollten die Partner mehrmals wechseln.

Variationen:

- Wenn die Schüler mit unterschiedlichen Gesten vertraut sind, können gezielt bestimmte Gesten eingeübt werden. Der Schüler, der vor dem Spiegel steht, gibt dann die Gesten vor, der hinter dem Spiegel stehende Schüler versucht, sie möglichst präzise zu spiegeln.
- Wenn eine ganze Folge von Bewegungen oder bestimmten Gesten in Zeitlupe durchgeführt wird, können die Schüler beobachten und gleichzeitig an sich selbst wahrnehmen, wie sich Haltungen verändern. Solche Erfahrungen ermöglichen es den Schülern später, Gesten bewusst einzusetzen.
- Wenn Ihre Schüler Impulse benötigen, können Sie die Kopiervorlagen zu den Deutungen der Körpersprache M 2a und M 2b heranziehen.

Übung:
Körpersprache deuten

**Jahrgangsstufe:** 7–11
**Ziel:** Erkenntnis gewinnen, dass die Körpersprache einheitliche Ausdrucksformen hat
**Sozialform:** Einzel- und Gruppenarbeit
**Zeitumfang:** 45 Minuten
**Material:** Folie oder Arbeitsblatt (M 2a und M 2b)

Die Schüler schauen sich die Abbildungen an. Alle Schüler notieren sich die mit dieser Körperhaltung signalisierte Einstellung und erfinden eine typische sprachliche Äußerung dazu.
Wenn alle Schüler fertig sind, werden die Ergebnisse miteinander verglichen.
In der Regel haben die Schüler die gleichen Ergebnisse. Das erlaubt die Einsicht, dass wir innerhalb eines Kulturkreises die Äußerungen der Körpersprache recht einheitlich verstehen, deuten und einsetzen können. Der Einsatz von Körpersprache unterstützt deshalb auch unsere Mitteilung im Vortrag.

Lösungshinweise zu den Abbildungen:

M 2a:

1. Genauigkeit oder Präzision wird ausgedrückt. Eine mögliche sprachliche Äußerung kann sein: „Darauf sollte man ganz genau achten."
2. Energisch, betont, ganz leicht aggressiv wirkt die Geste. Eine mögliche sprachliche Äußerung kann sein: „Hier muss man hart durchgreifen. Das geht so nicht weiter."
3. Die Geste ist besänftigend und beruhigend. Eine mögliche sprachliche Äußerung kann sein: „Das sollten wir ganz in Ruhe besprechen. Dieses Problem sollte sehr gut durchdacht werden. Es ist gut, wenn sich die Gemüter in dieser Frage erst einmal beruhigen."
4. Hier wird eine ablehnende, abwehrende Geste gezeigt. Eine mögliche sprachliche Äußerung kann sein: „Damit müssen Sie mir jetzt nicht kommen. Damit habe ich nichts zu tun."
5. Die Geste signalisiert, dass eine Frage gespiegelt oder zurück zum Plenum gegeben wird. Eine mögliche sprachliche Äußerung kann sein: „Das ist sehr schwierig, was denken Sie darüber? Ich frage Sie, was Sie darüber denken. Gibt es diesbezüglich eigentlich eine Antwort?"
6. Diese Geste wirkt konziliant, ruhig, nachdenklich. Eine mögliche sprachliche Äußerung kann sein: „Dazu habe ich mir schon häufig Gedanken gemacht und kann heute sagen …" Wenn die Finger aber bewusst verschränkt werden, kann die Aussage wie folgt lauten: „Das muss man sorgfältig zusammenbringen. Hier fließt vieles zusammen."
7. Diese Geste wirkt energisch, anpackend und leicht draufgängerisch. Eine mögliche sprachliche Äußerung kann sein: „Das Problem werden wir jetzt angehen."
8. Diese Geste will fokussieren oder auf ein Problem aufmerksam machen. Eine mögliche sprachliche Äußerung kann sein: „Diese Frage ist von Bedeutung, aber nicht leicht zu beantworten."

9. Wie Geste Nr. 3 möchte auch diese Geste besänftigen und beruhigen. Sie ist allerdings diskreter, die Betonung ist zurückgenommen. Eine mögliche sprachliche Äußerung kann sein: „Dieses Problem können wir durchaus zunächst beiseite lassen."/„Regen Sie sich doch nicht auf."
10. Diese Geste signalisiert: „Aufgepasst!"
11. Diese Geste ist auf die Zuhörer gerichtet. Eine mögliche sprachliche Äußerung kann sein: „Diese Frage kann nur jeder für sich beantworten."/„Da will ich Ihnen auch ganz deutlich sagen, dass …"
12. Diese Geste signalisiert den Wechsel zwischen Redner und Zuhörer. Eine mögliche sprachliche Äußerung kann sein: „Ich bin der Meinung, dass … aber ich denke …"

M 2b:

1. Hier wird eine verschlossene Haltung, Abwehr oder sogar innere Ablehnung signalisiert. Eine mögliche sprachliche Äußerung kann lauten: „Lasst mich in Ruhe. Ich will nicht sprechen. Das macht mich sauer. Ich kann euch nicht leiden."
2. Hier wird eine freundliche, offene Haltung eingenommen. Der Redner nimmt Argumente auf und geht auf seine Zuhörer zu. Eine mögliche sprachliche Äußerung kann lauten: „Wir können gerne darüber reden. Sie können mir das ruhig sagen. Es ist gut, dass wir das jetzt besprechen."
3. Diese Geste wirkt entschuldigend, aber auch emotional berührt und ruhig. Eine mögliche sprachliche Äußerung kann sein: „Ich bin berührt. Das trifft mich persönlich. Das hätte ich nicht erwartet."
4. Hier zeigt die Geste Unkenntnis oder Überraschung. Eine mögliche sprachliche Äußerung kann sein: „Darauf kann ich auch keine Antwort geben. Woher soll ich das wissen?"

Übung:
Aussagen erraten

**Jahrgangsstufe:** 5–11
**Ziele:** – Hinführung und Motivation
– Unterschiedliche Gesten kennen lernen, deren Aussagekraft erkennen und sie bewusst anwenden
**Sozialform:** Kleingruppenarbeit oder Klassenübung
**Zeitumfang:** 45 Minuten
**Material:** M 3

Die Lehrkraft erklärt zunächst die Übung, demonstriert sie ggf. vor der Klasse. Anschließend werden Gruppen gebildet und jeder Schüler erhält eine Karte mit einem einfachen Aussagesatz (M 3).
Dann überlegen die Schüler in Einzelarbeit, wie sie diese Aussage pantomimisch darstellen können.
Anschließend stellen die Schüler ihren Satz schweigend der Gruppe vor, die Gruppenmitglieder erraten die Aussage.
Ziel ist, die Aussage möglichst präzise, d. h. sinngemäß (nicht wörtlich) zu erraten.

Variation:

In der Gruppe überlegen die Schüler, welche Gesten mit den Aussagen verbunden sind. Sie werden feststellen, dass wir Menschen eine zweite nonverbale Sprache haben, die nur aus Gesten besteht. Sie ist sehr differenziert.

Übung:
Sprechen und gestikulieren

**Jahrgangsstufe:** 5–11
**Ziel:** – Unterschiedliche Gesten kennen lernen, ihre Aussagekraft erkennen und sie bewusst anwenden
**Sozialform:** Klassenübung
**Zeitumfang:** 15–45 Minuten, mitunter auch länger
**Material:** – – –

Bei dieser Aufgabe stellt jeder Schüler eine Geste vor und verbindet diese mit der passenden sprachlichen Äußerung.
Die Schüler lernen dabei in kurzer Zeit eine Vielzahl von Gesten kennen, müssen diese bewusst einsetzen und verlieren so die Scheu, sie in einem Vortrag anzuwenden.
Zunächst stellen sich die Schüler im (Halb-)Kreis auf, so dass sich alle sehen können.
Die Lehrkraft fordert alle Schüler dazu auf, sich eine beliebige Geste zu überlegen. Diese Geste demonstriert jeder Schüler ausladend und macht dabei deutlich die dazugehörige sprachliche Aussage.
Es ist sinnvoll, dass der Unterrichtende selbst mit einem Beispiel beginnt. (Beispiel: Die Aussage „Das kann man so oder so sehen" wird durch eine Geste begleitet, die durch die Haltung der Arme und Hände das Abwägende der Aussage verstärkt.)

Die Lerngruppe wiederholt die Aussage im Chor und zeichnet gleichzeitig die Geste nach.
Jetzt geht es im Uhrzeigersinn weiter. Jeder Schüler demonstriert eine neue Geste mit dazugehöriger Aussage. Die Lerngruppe wiederholt die Geste im Chor. Bedingung ist, dass keine Geste wiederholt werden darf.

Übung:
Koordination von Sprache und Gestik

**Jahrgangsstufe:** 5–11
**Ziel:** Automatisierte Begleitung von Worten durch Gesten
**Sozialform:** Kleingruppen oder Klassenübung
**Zeitumfang:** 15 Minuten
**Material:** – – –

Wer vor einer Gruppe von Menschen reden muss, konzentriert sich ganz auf den Inhalt seiner Rede. Damit ein Vortrag aber die Zuhörer erreicht, sollte man seine Worte durch Gestik unterstützen. Aber gleichzeitig zu sprechen und Gesten bewusst einzusetzen, ist nicht einfach. Die folgende Übung dient der Koordination von Gesten und Worten.
Fordern Sie die Schüler auf, ein imaginäres, also nur in Gedanken entwickeltes Bild gleichzeitig mit Worten und Händen zu beschreiben:

Ein Beispiel:
„Ich hätte gern einen großen Ball von einem Meter Durchmesser."

Gleichzeitig beschreibt der Schüler mit seinen Händen einen großen Kreis.

Tipp:

Sie können diese Übung genau auf die Bedürfnisse Ihrer Schüler zuschneiden:
Wenn die gewohnte Gestik der Schüler sehr ausschweifend aber unpräzise ist, sollten die Schüler einen technischen Schaltplan oder eine Zeichnung vorstellen.
Wenn die gewohnte Gestik der Schüler eher sparsam eingesetzt wird, sie gänzlich fehlt, dann ist es sinnvoller, ein größeres Bild zu beschreiben.
Wichtig ist nur, dass die Hände immer genau das zeigen bzw. „mitmalen", was die Schüler mit ihren Worten ausdrücken.
Diese Übung ist für viele Schüler eine große Herausforderung. Gerade wenn sie vorgegebene Abbildungen als Sprach- und Gestikulieranlass verwenden, verlangt dies eine hohe Konzentration. In den unteren Jahrgangsstufen ist es dann sinnvoll, dass die Schüler nur mit ihren imaginären Bildern arbeiten.

Übung:
Mit Gesten sprechen

**Jahrgangsstufe:** 10–12
**Ziele:**
- Gezieltes Einsetzen von Gesten
- Gesten als Möglichkeit etwas mitzuteilen kennen lernen

**Sozialform:** Kleingruppen und Plenum (szenische Arbeitsweisen)
**Zeitumfang:** 45–90 Minuten
**Material:** M 4

Mithilfe der Übungsfolge M 4 nähern sich die Schüler dem Gebrauch von Gesten an. Wenn Ihre Schüler mit szenischen Arbeitsweisen vertraut sind, werden sie anhand des Arbeitsblattes selbstständig arbeiten können. Sie können die einzelnen Kleingruppen begleiten und beobachten, Sie sollten sich aber insgesamt eher zurückhalten.
Bei Gruppen, die mit dem szenischen Arbeiten weniger vertraut sind, sollten Sie die Übungsfolge direkt anleiten und strukturieren, in den eigentlichen Arbeitsphasen aber ebenfalls den Arbeitsprozess der Schüler wenig beeinflussen.
Falls Sie keine Möglichkeit haben, die Ergebnissicherung wie vorgeschlagen durchzuführen, können Sie auf die Vorlagen M 2a oder M 2b zurückgreifen und aus diesen Vorlagen Gesten auswählen.

Übung:
Körpersprache bewusst im Referat einsetzen

**Jahrgangsstufe:** 8–11
**Ziel:** Wirkung von Körpersprache einschätzen und sie im Vortrag einsetzen können
**Sozialform:** Klassenübung oder Gruppenarbeit
**Zeitumfang:** 45 Minuten
**Material:** M 5

Ein Referat wird gehalten, weil die Vortragenden etwas mitteilen möchten. Wenn sie aber eine geschlossene Körperhaltung einnehmen, wird das Gegenteil signalisiert. „Euch möchte ich eigentliche nichts sagen!", könnte die Botschaft lauten. Um diesen Widerspruch nicht aufkommen zu lassen, können die Schüler einzelne Körperhaltungen bewusst einnehmen und deren Wirkung bedenken.

Wenn bereits einige Stegreifreden oder Fünf-Satz-Übungen durchgeführt wurden, sollten die Schüler auf die bereits gehaltenen Kurzvorträge zurückgreifen und diese in Arbeitsgruppen von etwa vier Schülern unter Beachtung der Körperhaltung erneut vortragen. Die Zuschauer geben Rückmeldung.
Sie können wie folgt vorgehen:
Versichern Sie sich zunächst, dass alle Schüler einen Kurzvortrag vorbereitet haben.
Teilen Sie dann die Schüler in Kleingruppen ein, so dass möglichst alle Schüler Gelegenheit bekommen, diese Übung praktisch zu erproben.

*Vortragsrunde 1:* Die Schüler halten ihre kurzen Vorträge zunächst in eher geschlossenen Körperhaltungen. Sie meiden also den Blickkontakt, pressen die Beine zusammen, bewegen sich nicht oder halten die Arme vor der Brust verschränkt.
Anschließend kann zunächst der Vortragende mitteilen, wie er sich beim Vortrag gefühlt hat und wie er die Rede wahrgenommen hat. Erst wenn diese Reflexion abgeschlossen ist, ergänzen die Mitschüler ihren Eindruck.
*Vortragsrunde 2:* In der zweiten Runde werden die offenen Körperhaltungen eingeübt. Die Schüler bewegen sich langsam im Raum, schauen die Zuhörer gezielt an, arbeiten mit Gesten etc.
Anschließend kann wieder zunächst der Vortragende mitteilen, wie er sich beim Vortrag gefühlt und wie er die Rede wahrgenommen hat. Erst wenn dies geschehen ist, äußern die Mitschüler ihre Eindrücke.

Erfahrungsgemäß berichten die Schüler davon, dass sie sich nur dann in der Rolle des Vortragenden wohl gefühlt haben, als sie bewusst die offene Körperhaltung eingenommen haben. Gleichzeitig werden aufmerksame Schüler mitteilen, dass es einen Zusammenhang zwischen Körperhaltung und Anziehung gibt. Die Zuhörer sträuben sich mitunter sogar innerlich, dem in sich gekehrten, steifen Referenten zu folgen.
Im Auswertungsgespräch können Sie diese grundlegenden Einsichten, die in ihrem Zusammenhang weit über den eigentlichen Vortrag hinausgehen, mit den Schülern herausarbeiten.

## *Mimik und Blickkontakt*

So wie es eine Sprache der Gesten gibt, so „spricht" ein Mensch immer auch mit seinem Gesichtsausdruck, d. h. mit der Mimik. Denn anhand des Gesichts lässt sich eine unendliche Vielzahl von Gefühlen ablesen. Mit feiner Reaktion zeigen die Gesichtsmuskeln, was das Gegenüber zwischen den Zeilen ausdrückt: Unsicherheit, Freude, Stolz, Ironie, Lächeln, Begeisterung und vieles mehr. Dies ist den Schülern häufig nicht bewusst, aber sie können z. B. sehr wohl einem Gesicht ablesen, ob es dem Gegenüber wirklich gut geht, wenn er auf eine entsprechende Frage antwortet: „Eigentlich geht es mir gut."
Die Sprache des Gesichtsausdrucks hat auch im Vortrag eine Bedeutung. Wenn der Vortragende eine Aussage betonen möchte, dabei aber keine Miene verzieht, so bleibt seine Aussage vermutlich unbeachtet oder sogar ungehört. Deshalb gilt zunächst, dass die Sprecher die Gesichtsmuskulatur zum Spiegel ihrer Gefühle machen sollten. Aber: Die Schüler sollten nicht versuchen, bewusst ihre Mimik zu verändern, denn das würde ohne Schauspielausbildung nur gekünstelt und damit unecht wirken. Aber die Schüler können im schulischen Rahmen ein grundsätzliches Bewusstsein für ihre Mimik bekommen. Dazu bieten sich einfache Lockerungsübungen an, die Sie moderieren können.

➞ Übung:
Gesichtsmuskeln lockern

Fordern Sie Ihre Schüler dazu auf, den folgenden Anweisungen zu folgen:
Lockern Sie Ihre Gesichtsmuskulatur – besonders dann, wenn Sie angespannt sind –, indem Sie Grimassen ziehen.

Und das geht so:

Legen Sie die Stirn in Falten und entspannen Sie sie wieder.
Kneifen Sie die Augen fest zu und öffnen Sie sie wieder.
Ziehen Sie die Nase kraus und schürzen Sie die Lippen.

Aber bitte: Alles spielerisch und nie verbissen!

➞ Übung:
Zuhörer anschauen

**Jahrgangsstufe:** 5–13
**Ziel:** Aufbau des direkten Blickkontakts zu den Zuhörern
**Sozialform:** Gruppenarbeit und Klassenübung
**Zeitumfang:** 30–45 Minuten
**Material:** – – –

Häufig sind Redner zunächst nicht in der Lage, ihre Zuhörer anzusehen. Für die Aufmerksamkeit

der Zuhörer stellt aber gerade dies einen wichtigen Faktor dar. Vor allem Schüler meiden bei einem Vortrag den Blickkontakt. Allein auf die Bedeutung des Blickkontakts hinzuweisen, wird die Schüler nicht davon überzeugen, diesen in der Vortragspraxis umzusetzen. Im Gegenteil: Die Schüler fixieren ihre Karteikarten, schauen auf den Boden oder in die Luft, blicken gebannt auf die Visualisierungen etc.
Die meisten Schüler nehmen die folgende Übung häufig zunächst mit Befremden auf. Es fällt ihnen schwer, den Blickkontakt aufzubauen und diesen eine Weile zu halten. Sie als Lehrkraft sollten hier durchaus hartnäckig auf eine Umsetzung der Übung beharren. Gleichzeitig muss den Schülern Gelegenheit gegeben werden, über die ungewohnte Situation zu sprechen, damit sie Sicherheit beim Blickkontakt gewinnen.

Übung in Kleingruppen:

Die Schüler finden sich in kleinen Gruppen zu drei bis fünf Schülern zusammen. In der Gruppe stellen sie sich kreisförmig auf.
Aufgabe ist, sich gegenseitig möglichst intensiv in die Augen zu schauen. Dabei sollte nicht gesprochen werden. Die Schüler suchen den Blickkontakt, halten ihn eine Weile und wechseln dann zu einem neuen Partner, den sie unmittelbar anschauen.
Die Lehrkraft fordert die Schüler dazu auf, möglichst lange und nachhaltig unmittelbar in die Pupillen der Mitschüler zu blicken.
Die Phase wird nur wenige Minuten in Anspruch nehmen.
Wichtig ist, dass alle Schüler in ihrer Gruppe kurz über die Erfahrungen berichten. Es ist zu erwarten, dass sie ihr Befremden mitteilen.

Übung in der Klasse:

Die Schüler sitzen in U-Form, ggf. muss die Klasse in zwei Gruppen (à 10 bis 15 Schüler) geteilt werden.

- Je ein Schüler stellt sich vor das Plenum, sucht einen sicheren und stabilen Stand (vgl. Übungen zu Haltung und Stand, S. 66 ff.) und fixiert alle Schüler mindestens drei Sekunden. Dazu beginnt er an einer Seite im Klassenraum und blickt dem ersten Schüler drei Sekunden in die Augen und wechselt dann zum nächsten Schüler usw. Die anderen Schüler haben die Aufgabe, den Blick quasi festzuhalten, so dass dieser das Gefühl bekommt, seinen Blick losreißen zu müssen.
  Die Mitschüler berichten, ob der Schüler wirklich in die Augen geschaut hat, ggf. wird eine Wiederholungsrunde notwendig sein.
- In einem zweiten Durchgang sollte die Phase des Blickkontakts verkürzt werden. Jetzt muss der Schüler jedem Mitschüler nur ca. eine Sekunde lang in die Augen schauen. Wichtig ist auch jetzt, dass eine kurze, aber bestimmte Fixierung stattfindet.
  Hier bietet sich der Vergleich mit zwei Magneten an, die für einen Augenblick aneinanderhaften und dann losgerissen werden.
- Jetzt kann eingeübt werden, wie ein Vortragender zu Beginn eines Referates vor die Zuhörer tritt und Blickkontakt aufnimmt. Dazu sollte er sich langsam von seinem Platz erheben, an die Stelle des Redners treten, vielleicht eine kurze Begrüßung aussprechen und gleichzeitig zu allen Schülern kurz Blickkontakt suchen, indem er nacheinander alle Zuhörer kurz fixiert.
  An dieser Stelle wird die Künstlichkeit der Übung zunehmend geringer. Die Schüler spüren die Bedeutung dieser Übung und sind in der Lage, die Zuhörer auf den Beginn des Vortrages einzustimmen.

In der anschließenden Rückmeldung wird vermutlich deutlich werden, dass der echte Blickkontakt eine große Herausforderung für alle Schüler darstellt. Auf der anderen Seite melden die Zuhörer immer wieder, wie bemerkenswert die Wirkung des Blickkontakts während des Vortrags ist. Er erhöht subjektiv die Verbindlichkeit für die Zuhörer. Sie folgen dem Vortragenden eher und fühlen sich unmittelbar von ihm angesprochen.

## *Die Zuhörer handeln lassen*

Für die Vortragenden ist es entscheidend zu begreifen, dass die Zuhörer das Gefühl bekommen sollten, an der Entstehung des Vortrags selbst mitzuwirken. Dabei können sie sich am Verlauf eines normalen Gesprächs orientieren. Hier hält eben auch nicht ein Gesprächspartner einen zuvor ausgearbeiteten Monolog, sondern beide Gesprächspartner lassen sich durch Argumente zur Formulierung eigener Gedanken anregen.
Eine ähnliche Situation sollte auch ein Redner anstreben. Das geht natürlich nicht, wenn er seinen Vortrag abliest. Überlässt er aber die Ausformung seiner Gedanken dem Augenblick des Sprechens, dann können auch die Zuhörer viel leichter mitdenken. Dabei stellt sich bei ihnen das Gefühl

ein, aktiv an der Entstehung des Gedankens beteiligt zu sein, wie bei einem Gespräch in vertrauter Runde (vgl. Freies Reden und Sprechdenken, Kap. 3, S. 26 ff.).
Möchte der Redner erreichen, dass die Zuhörer sich mit seinem Vortrag auseinandersetzen, müssen sie aktiviert werden, ohne dass dabei der Charakter des Vortrags aufgehoben wird. Dazu müssen die Schüler Aktivierungstechniken kennen und anwenden, die die Aufmerksamkeit der Zuhörer steigern. Dazu stehen dem Redner verschiedene Möglichkeiten zur Verfügung, z. B.:

- echte Fragen an die Zuhörer richten,
- rhetorische Fragen an die Zuhörer richten,
- vorbereitete Arbeitsblätter (Lückentexte, Tabellen, Visualisierungen etc.) ausfüllen lassen,
- eigene Erfahrungen formulieren lassen,
- mit dem Nachbarn über den Vortrag reden.

Diese Liste lässt sich weiter fortführen. Ziel ist, die Zuhörer dazu zu animieren, das Gehörte aktiv in die eigenen Gedanken zu integrieren.

Übung:
Denken – Austauschen – Vorstellen

**Jahrgangsstufe:** 9–13
**Ziel:** Fähigkeiten des Moderierens erlangen
**Sozialform:** Einzel-, Partnerarbeit, Klasse
**Zeitumfang:** variabel
**Material:** – – –

Sehr bewährt hat sich ein Vorgehen, das vom Kooperativen Lernen her bekannt ist. Dazu werden die Zuhörer aufgefordert, in einer Stillarbeitsphase über die wesentlichen Inhalte des Vortrags nachzudenken. Bitten Sie die Zuhörer, ihre Gedanken knapp zu notieren. Anschließend tauschen sich die Zuhörer kurz über ihre Eindrücke aus, bevor der Vortragende das Plenum um Wortmeldungen bittet.
Die Struktur des Vortrags könnte dann wie folgt aussehen:

Vortragsphase 1
↓
Kooperatives Lernen
(Denken – Austauschen – Vorstellen)
↓
Vortragsphase 2
↓
Kooperatives Lernen
(Denken – Austauschen – Vorstellen)
↓
Diskussion

***Vortragsphase 1:***

Der Redner hält den ersten Teil eines Vortrags. Er weist ggf. zu Beginn des Vortrags die Zuhörer darauf hin, dass er nach einiger Zeit seine Ausführungen unterbrechen wird. Dann wird es Gelegenheit geben, das bislang Gehörte kurz zu besprechen und sich zu vergegenwärtigen.

***Erste Unterbrechung mit kooperativer Lernphase:***

| | |
|---|---|
| alleine nachdenken (2 Minuten) | Wesentliches des bisherigen Vortrags herausfinden |
| in Partnerarbeit austauschen (2 Minuten) | Austausch über die wesentlichen Aussagen des Vortrags |
| im Plenum vorstellen (2–4 Minuten) | freiwillige Wortmeldungen einzelner Teilnehmer |

***Vortragsphase 2:***

Dem schließt sich dann der zweite Teil des Vortrags an. Dann sollte erneut eine Phase von Einzelarbeit und Partnerarbeit erfolgen. Wenn im Anschluss eine inhaltliche Diskussion angeregt werden soll, ist es sehr sinnvoll, den zweiten Auftrag für die Einzelarbeit zu ergänzen.

***Zweite Unterbrechung mit kooperativer Lernphase:***

| | |
|---|---|
| alleine nachdenken (2 Minuten) | • das Wesentliche des zweiten Teils des Vortrags herausfinden<br>• Fragen oder Anmerkungen finden |
| in Partnerarbeit austauschen (2 Minuten) | Austausch über die jeweils wesentlichen Aussagen aus dem Vortrag |
| im Plenum vorstellen (2–4 Minuten) | freiwillige Wortmeldungen einzelner Teilnehmer |

Diese Plenumsphase geht unmittelbar in die eigentliche Diskussion über:

| | |
|---|---|
| im Plenum diskutieren (5–10 Minuten) | • über die Beiträge ins Gespräch kommen<br>• Fragen an den Vortragenden richten<br>• Meinung zu den Inhalten des Vortrags äußern |

⇨ Hinweise zum Unterricht:

Für die Schüler ist dieses Verfahren sehr anspruchsvoll. Sorgfältige Übung ist unbedingt notwendig. Fordern Sie Ihre Schüler in Probevorträgen bewusst auf, eine Unterbrechung und eine abschließende Bedenkzeit einzuplanen.
Die Vortragenden sollten die Zeitvorgaben möglichst knapp halten und einfordern. Es sollte nicht darum gehen, jeden Gedanken bis ins letzte Detail zu erörtern. Vielmehr soll die aktive Aneignung durch die Zuhörer angeregt werden.
In der ersten Plenumsphase sollten zunächst nur Eindrücke mitgeteilt werden. Eine Diskussion sollte der Vortragende mit dem Hinweis auf das Ende des Vortrags unterbinden. Hier wird deutlich, dass von dem Vortragenden bei diesem Vorgehen Fähigkeiten eines Moderators gefordert werden. Dies ist nicht allen Schülern möglich. Es bietet sich an, dieses sehr lernwirksame Vorgehen erst in den höheren Jahrgangsstufen einzuführen.
In Hinblick auf die Zeitplanung sollten Sie Ihre Schüler darauf vorbereiten, dass bei diesem Vorgehen ein etwa zehnminütiger Vortrag eine ganze Schulstunde in Anspruch nehmen wird.

⇨ Tipp:

Als Lehrkraft können Sie dieses Verfahren im Übrigen in jeder frontalen Unterrichtssituation anwenden (Lehrervortrag, Schulfilm, Fragen entwickelndes Unterrichtsgespräch etc.).
Probieren Sie es aus! Sie werden sehen, wie intensiv sich Ihre Schüler mit den Inhalten des Unterrichts auseinandersetzen.

| | |
|---|---|
| in Karnevalsstimmung | traurig |
| total geschafft | aggressiv |
| völlig verliebt | nervös |
| absolut im Stress | betrunken |
| besonders gut gelaunt | ängstlich |

| | |
|---|---|
| Begrüßung eines Gastes | Fahrer im Auto |
| auf dem Sofa ruhend | vor dem Schreibtisch des Chefs stehend |
| Redner vor einer Menschenmenge | im Bus ohne Sitzplatz |
| Zuschauer im Stadion | an der Bushaltestelle wartend |
| auf einer Familienfeier | in der Sportstunde |

## Körpersprache und Zuhöreraktivierung: Körpersprache deuten

**M 2a**
**Folie/Kopiervorlage**

1. ______________________

2. ______________________

3. ______________________

4. ______________________

5. ______________________

6. ______________________

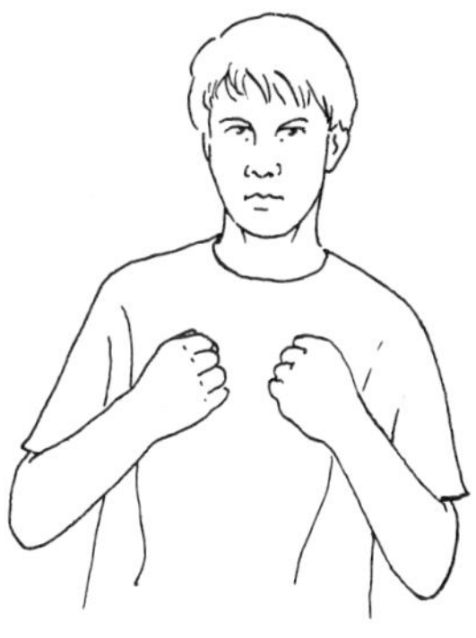

7. ______________________

8. ______________________

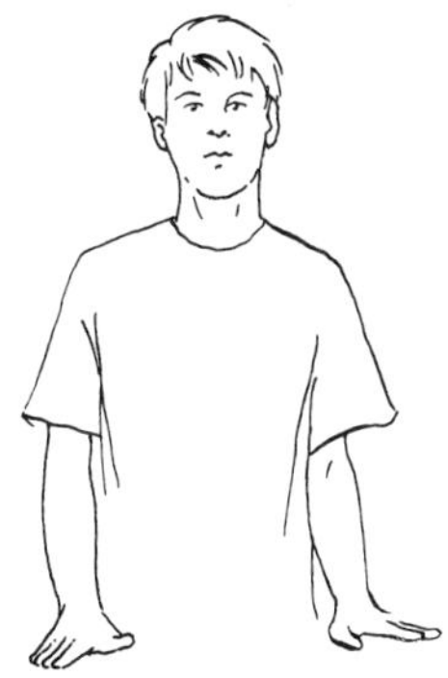

9. ______________________

10. ______________________

11. ______________________

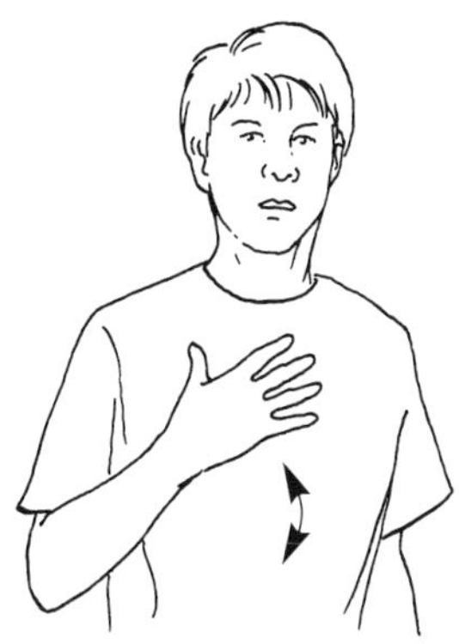

12. ______________________

| Körpersprache und Zuhöreraktivierung: Körpersprache deuten | M 2b Folie/Kopiervorlage |
| --- | --- |

1. ______________________________

2. ______________________________

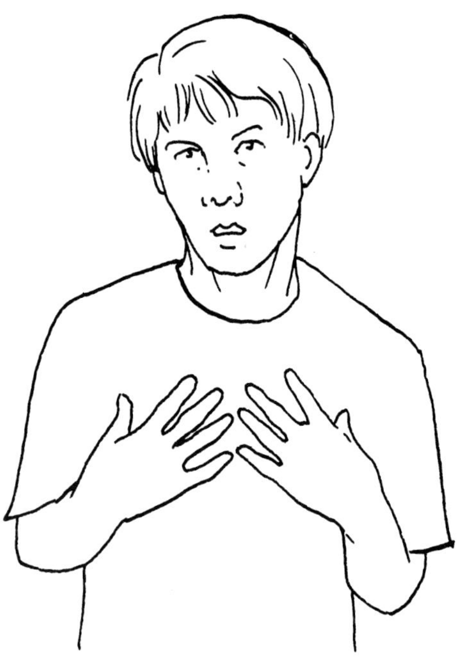

3. ______________________________

4. ______________________________

| | |
|---|---|
| Ich möchte kein Eis. | Mir ist übel. |
| Bitte störe mich nicht. | Komm bitte nicht näher. |
| Gib mir das Buch. | Ich habe keinen Hunger. |
| Ich möchte jetzt fernsehen. | Das Essen schmeckt mir. |
| Wir sind einer Meinung. | Das ist ein hübsches Bild. |

## Körpersprache und Zuhöreraktivierung: Mit Gesten sprechen

**M 4 Übungsfolge**

Mithilfe dieser Übungsfolge nähern Sie sich dem Gebrauch von Gesten an. Wenn Sie mit szenischen Arbeitsweisen vertraut sind, werden Sie die Übung selbstständig durchführen können.
Hier werden Sie lernen, wie Sie Gesten so einsetzen, dass sie den Zuhörern etwas sagen. Gesten können z. B. einen Sachinhalt veranschaulichen, ein Gefühl mitteilen oder eine Aussage bewerten.

1. **Einzelarbeit:** Entwerfen Sie in Gedanken vier Standbilder, in denen Redner mit bestimmten Gesten dargestellt sind und üben Sie die vier Standbilder ein.

   Bitte beachten Sie:
   - Jede Geste soll etwas anderes aussagen.
   - Die Standbilder sollen einen Redner in verschiedenen Stadien seines Vortrages zeigen. Es geht also nicht um die Darstellung eines bestimmten Inhaltes.

2. **Gruppenarbeit:** In Ihrer Gruppe stellt jeder seine Standbilder vor. Einigen Sie sich auf vier Gesten und stellen Sie diese in einer Abfolge von Standbildern dar.
   - Jedes Standbild stellt einen Redner mit einer anderen Geste dar.
   - Die vier Gesten sollen in der Reihenfolge des Ablaufes eines Vortrages stehen und sinnvoll aufeinanderfolgen.
   - Üben Sie die Standbilder ein: Derjenige, welcher das Standbild darstellt, lässt sich von den anderen formen.

3. **Plenum:** Die Gruppen präsentieren ihre Standbilder vor dem ganzen Kurs.
   - Jeder Schüler präsentiert ein Standbild.
   - Nachdem ein Standbild vorgestellt wurde, notiert jeder für sich, was die Geste aussagt.
   - Am Ende werden alle vier Standbilder nebeneinander aufgestellt. Jede der Gruppen des Kurses einigt sich jetzt auf die Aussagen der jeweiligen Gesten.
   - Eine neue Gruppe stellt ihre Standbilder vor.

4. **Sicherung:** Die gemeinsamen Ergebnisse können visuell festgehalten werden. Hier bieten sich unterschiedliche Vorgehensweisen an:
   - Gute Zeichner fertigen Skizzen einzelner Gesten an. Die im Plenum definierte Aussage der Geste wird anschließend unter die Skizze geschrieben (als Poster für den Raum oder als Kopiervorlage).
   - Die Standbilder werden fotografiert. Daraus wird eine Übersicht angefertigt. Anschließend erfolgt eine Zuordnung (Digitalkamera vorteilhaft).

| Aktion | offen | verschlossen |
|---|---|---|
| **Blickkontakt** | • Sie schauen Ihre Zuhörer an.<br>• Sie sind freundlich. | • Sie schauen an die Decke, auf den Tisch oder Ihre Füße – nur nicht zu den Zuhörern. |
| **Bewegung im Raum** | • Sie bewegen sich während des Vortrags, gehen auch mal etwas auf Ihre Zuhörer zu. | • Sie sind wie angenagelt.<br>• Sie halten sich am Tageslichtprojektor fest. |
| **Bewegung des Oberkörpers** | • Sie untermalen Ihr Referat mit erklärenden Gesten. | • Ihre Arme sind vor der Brust verschränkt.<br>• Sie haben beide Hände in der Tasche. |
| **Körperhaltung** | • Sie stehen mit beiden Beinen fest auf dem Boden.<br>• Ihr Körper ist aufgerichtet. | • Sie haben keinen bewussten Kontakt zum Boden aufgenommen.<br>• Ihr Körper ist schlaff und Ihr Rücken krumm. |
| **Sitzhaltung**<br>**(Wenn Sie schon sitzen müssen!)** | • Ihre Beinstellung ist entspannt.<br>• Ihre Knie stehen etwa parallel. | • Ihre Beine sind eng aneinandergepresst oder übereinandergeschlagen und dabei gepresst. |

# 6. Visualisierungen und Medieneinsatz

## 6.1 Einführung

**Was ist anschaulicher?**

A)

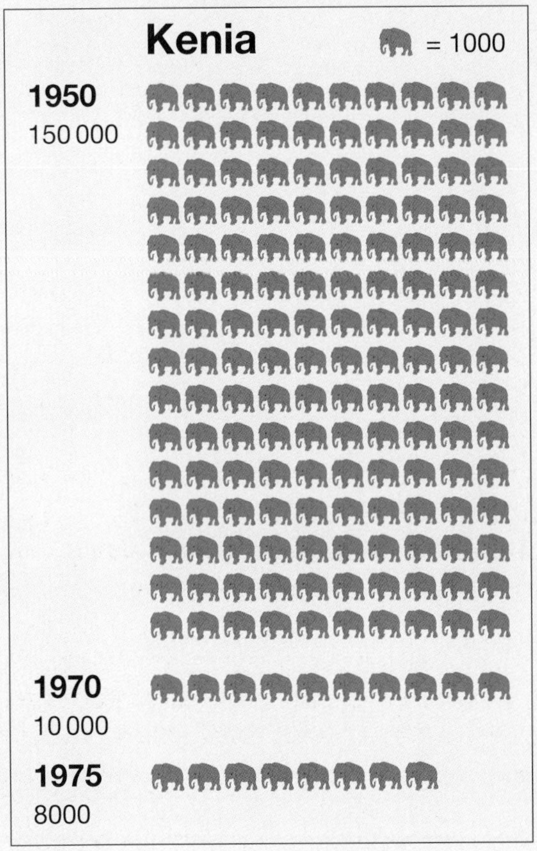


B)

| *Jahr* | *Zahl der Elefanten* |
|---|---|
| 1950 | 150 000 |
| 1970 | 10 000 |
| 1975 | 8 000 |

Viele Sachverhalte, mit denen sich die Schüler in der Schule auseinandersetzen, sind abstrakt und komplex. Bei solch differenzierten Zusammenhängen reichen unsere sprachlichen Mittel nicht immer aus. Ein Blick in ein beliebiges aktuelles Schulbuch zeigt, dass die Veranschaulichung von Sachverhalten eine grundsätzliche Methode darstellt, um komplizierte Zusammenhänge zu vermitteln. Dies gilt aber nicht nur für Schulbücher, sondern eben gerade auch für Vorträge, denn die Zuhörer nehmen normalerweise ca. 70 % ihrer Informationen über die Augen und nur ca. 30 % mittels der Ohren auf.

Der Einsatz von Visualisierungen ist für einen guten Fachvortrag fast unerlässlich. Aber der Einsatz von Medien bedarf der sorgfältigen Planung. Hinweise oder Anleitungen allein reichen für Schüler aber oftmals nicht aus. Die eigentliche Kompetenz stellt sich bei den Schülern erst ein, wenn sie die Anfertigung von Visualisierungen und den Einsatz von Medien vorbereiten, einüben und reflektieren. Aus Sicht der Lehrkraft stellen sich dabei drei Fragen (vgl. Stary 1997):

### *Durch welche Visualisierungsform soll etwas veranschaulicht werden?*

Hierbei geht es um die Frage, ob die Vortragenden Strukturen oder Abläufe visualisieren, Zahlenbilder versenden oder technische Dokumentationen einsetzen, ob die Schüler Fotos verwenden oder zentrale Textelemente visualisieren. Dabei ist zu beachten, dass in einem Unterricht, in dem die Schüler auf Fachvorträge vorbereitet werden sollen, die einzelnen Formen der Visualisierung kaum thematisiert werden können. Die eigentliche Verwendung und Anfertigung von Tabellen, Diagrammen, Zeitleisten oder Netzstrukturen wird in der Regel im Fachunterricht eingeübt, so dass in diesem Band darauf verzichtet wird. Häufig ist es ausreichend, die Vielzahl der den Schülern bekannten Visualisierungen in ihr Bewusstsein zu rufen.

### *Mit welchen Medien wird die Veranschaulichung dargeboten?*

Bei der zweiten Frage steht die Wahl des Mediums im Mittelpunkt: Nutzen die Schüler den Tageslichtprojektor, die Tafel oder eine Powerpoint-Präsentation? Stehen Stellwände oder Flip-Charts zur Verfügung und erhalten die Zuhörer ein begleitendes Thesenpapier?
In der Literatur finden sich dazu viele detailreiche Hinweise. In der Unterrichtswirklichkeit haben diese aber nur eingeschränkte Bedeutung. Nur in wenigen Schulen stehen Flip-Chart-Ständer zur Verfügung, Stellwände gibt es ebenfalls nur selten. Beamer sind häufiger anzutreffen, allerdings sollte der Einsatz von Powerpoint besonders gut überlegt sein.

### *Welche Gestaltungsregeln sind bei Präsentationen hilfreich?*

Auch wenn die einzelnen Visualisierungsformen vor allem im Fachunterricht eingeführt werden sollten, so ist damit noch nichts über die Gestaltung für eine Präsentation im Rahmen eines Fachvortrages gesagt: Was sollten die Schüler über den Einsatz von Farben wissen? Wie sollten sie die Textelemente gestalten? Wie viele wechselnde Visualisierungsformen sind in einem Vortrag sinnvoll?

## 6.2 Übungen

### *Warum veranschaulichen?*

Die folgenden Übungen gehen gezielt auf die häufigsten Techniken zur optischen Unterstützung von Vorträgen ein. Die erste Übungsfolge schafft ein Bewusstsein für Veranschaulichungen und führt so zum Themengebiet hin. Die anschließenden Hinweise und Übungen gehen auf die in der Schule gebräuchlichsten Formen und Medien der Visualisierung ein. Dabei werden praktische Hinweise zur Gestaltung von Visualisierungsformen und deren Handhabung im Vortrag erläutert. Nach hier vertretener Auffassung spielen viele der in der einschlägigen Literatur besprochenen Medien in der Unterrichtswirklichkeit eine nur untergeordnete Rolle (Moderationstechniken, Flip-Charts, Stell- und Moderationswände, Beamer). Deshalb wird auf diese Techniken nur knapp eingegangen. Im Übrigen gelten für diese Medien fast immer die gleichen Gestaltungsregeln, wie für die hier näher erläuterten Medien.
Wenn die Schüler den inhaltlich gleichen Vortrag einmal ohne und anschließend mit Visualisierung halten, wird ihnen sehr eindrucksvoll deutlich, welchen Stellenwert die angemessene Visualisierung hat. Die folgende Übung schafft hier die Möglichkeit, die Kompetenzen der Schüler entsprechend zu fördern.

→ Übung:
Geht es auch ohne Veranschaulichung?

**Jahrgangsstufe:** 8–13
**Ziel:** Erkennen, dass zur Erläuterung komplexer Sachverhalte die Sprache allein nur bedingt geeignet ist und Visualisierungen hier hilfreich sein können
**Sozialform:** Einzelarbeit, Partner- oder Gruppenarbeit
**Zeitumfang:** 90 Minuten
**Material:** Papierbögen, Marker, Folien und Folienstifte, M 1

Zunächst bilden die Schüler Kleingruppen. Jede Kleingruppe bearbeitet eine Definition (M 1). Wenn die Texte inhaltlich nicht zu Ihrer Lerngruppe passen, so können Sie beliebige andere Sachverhalte auswählen, die sich veranschaulichen lassen.
Anschließend erschließen die Schüler den Sachverhalt in Einzelarbeit und überlegen dabei:

- Wie kann ich den Sachverhalt mündlich vorstellen?
- Welche Veranschaulichung würde ich einsetzen, um meinen Vortrag zu unterstützen?

In der Kleingruppe tauschen die Schüler ihre Überlegungen und Ideen aus. Sie einigen sich auf eine Form der Veranschaulichung (Tabelle, Diagramm o. Ä.) und fertigen diese an. Dabei können die Schüler verschiedene Formen der Medien wählen. Stellen Sie möglichst große Papierbögen mit Markern, Folien und Folienstifte zur Verfügung. Selbstverständlich können die Schüler auch etwas demonstrieren oder vorspielen.
Die Kleingruppen bestimmen (oder es wird ausgelost), wer den Sachverhalt zunächst nur mündlich, also ohne Visualisierung, im Plenum vorstellt.
Ferner wird festgelegt, wer unter Zuhilfenahme der Visualisierung den Sachverhalt ein zweites Mal vorstellt.
Nachdem die Gruppen ihren Sachverhalt im Plenum jeweils zwei Mal vorgeführt haben, werden die zwei Arten der Präsentation miteinander verglichen und analysiert. Dabei können die folgenden Fragen die Auswertung strukturieren:

- Wann verstehen die Zuhörer den vorgestellten Zusammenhang (leichter)?
- Warum verstehen die Zuhörer den veranschaulichten Vortrag besser?
- Wie fühlen sich die Zuhörer bei der ausschließlich mündlichen und bei der visuell unterstützten Präsentation?
- Welche Konsequenzen hat dies für die Gestaltung von Fachvorträgen?

## *Tageslichtprojektor und Folien*

Das gebräuchlichste Medium für Vorträge ist – nicht nur an Schulen – der Tageslichtprojektor (TLP). Er weist viele Vorteile auf und stellt auch für Fachvorträge häufig die erste Wahl dar.

### *Welche Vorteile bietet der Tageslichtprojektor?*

- Das Gerät ist in der Schule verfügbar.
- Es ist einfach zu bedienen und lenkt so den Vortragenden nicht unnötig ab.
- Der Raum muss nicht verdunkelt werden, wie dies bei Diapositiven oder auch bei vielen Videobeamern der Fall ist.
- Der Vortragende kann ins Plenum schauen, wenn er sich neben den TLP stellt.
- Der Vortragende kann einzelne Elemente der Folie mit einem Stift vor oder während des Vortrags hervorheben.
- Mit Folien können die Inhalte des Vortrags schrittweise aufgedeckt werden.
- Folien sind relativ preiswert.
- Folien können von Hand oder am PC vorbereitet werden, so dass zum Beispiel eine unleserliche Handschrift ausgeglichen werden kann.
- Mit Folienstiften können wasserfeste oder wasserlösliche Eintragungen vorgenommen werden.
- Folien können im Unterricht oder zu Hause sorgfältig vorbereitet werden.
- Folien können aufbewahrt und häufig verwendet werden.
- Folien können als Vorlage für Kopien dienen.
- Farbfolien sind möglich (Scanner oder Farbkopie), so dass auch ohne aufwändige Techniken (z. B. Periskop) Farbabbildungen präsentiert werden können.

Die vielen Vorteile verdeutlichen, warum der Tageslichtprojektor in der Schule weit verbreitet ist und im Unterricht wohl nur noch von der Tafel überholt wird. Aber die Vorteile können zum Nachteil des Mediums werden. Ein übertriebener und zu langer Einsatz des Mediums kehrt seine Vorteile ins Gegenteil. Machen Sie Ihre Schüler unbedingt mit dem sachgerechten Umgang des TLP sowie der sorgfältigen Vorbereitung seines Einsatzes vertraut. Die folgenden Hinweise helfen Ihnen dabei (vgl. M 3).

### *Wie sollten Folien angefertigt und gestaltet werden?*

- Lesbare und große Schriften verwenden:
  Als Faustregel kann gelten, dass die Schrifthöhe auf der Folie mindestens 5 mm (bzw. 18 Punkt) betragen sollte. Bei von Hand beschriebenen Folien darf die Schrift noch größer sein. Zudem ist eine saubere Druckschrift zu empfehlen. Folien, die unmittelbar aus einem Buch übernommen werden, z. B. indem sie fotokopiert werden, sind aufgrund der Aufteilung und Proportionen häufig nicht als Folie geeignet (vgl. M 2a oben).
- Wenige Schrifttypen:
  Der Einsatz von Computern erlaubt die Verwendung unendlich vieler Schrifttypen auf einer Folie. Aber genau das sollte vermieden werden. Weisen Sie die Schüler darauf hin, auf einer Folie nur mit zwei verschiedenen Schrifttypen zu arbeiten und diese bei Bedarf fett zu drucken.
- Aufteilung:
  Die Folien sollten immer einen Rand von 2 cm aufweisen, der nicht beschrieben wird.
- Informationen begrenzen:
  Die Folien sollten nicht mehr Informationen enthalten, als für den Zusammenhang unbedingt notwendig sind. Es geht also nicht darum, in einem Vortrag alle Informationen auf Folie zu präsentieren, sondern sich auf die Kerngedanken zu beschränken.
- Stichworte statt Texte:
  Lange zusammenhängende Texte sind für eine Präsentation genauso ungeeignet wie komplexe Strukturdiagramme. Deshalb sollte der Vortragende sich darum bemühen, nur zentrale Begriffe anzuführen. Vor diesem Hintergrund ist es auch problematisch, wenn Schüler lange Zitate auf Folie präsentieren und diese anschließend noch vorlesen. Die treffende Paraphrase und die Zuspitzung in wenigen Begriffen sind hier sinnvoller.
- Die Zusammenhänge oder Strukturen visualisieren:
  Für den Zuhörer ist es sehr hilfreich, wenn die sachlichen Zusammenhänge sichtbar sind. Dazu können die Schüler vor allem auf Pfeile, Einrahmungen oder Unterstreichungen zurückgreifen.
- Computer muss nicht sein:
  Mit dem Computer angefertigte Übersichten sind nicht immer ansprechender. Mitunter ist

eine saubere Folie, die von Hand angefertigt wurde, eindrucksvoll und zielgerichtet. Schüler verwenden zudem häufig viel Zeit mit der Anfertigung von Folien am PC. Die Feinheiten der Textverarbeitung oder entsprechender Grafikprogramme sind häufig nur einer Minderheit in der Klasse vertraut. Das führt nicht selten dazu, dass die Schüler mehr Zeit für die Gestaltung der Folie am Computer verwenden, als sie für die eigentlichen Inhalte der Folie oder gar für die Erarbeitung des Referates aufwenden. Da ist es viel sinnvoller, nach einer handschriftlichen Bleistiftskizze eine Folie mit Folienstiften anzufertigen (vgl. M 2 unten).

- Der Computer kann hilfreich sein:
  Mithilfe des Scanners und eines Farbdruckers können Bilder, Fotos, Karten etc. aus Büchern übernommen und auf speziellen Folien ausgedruckt werden. Ähnliches gilt für den Einsatz von Digitalkameras. Das Kunstwerk aus der örtlichen Fußgängerzone ist so schnell fotografiert und über eine Folie oder einen Beamer im Klassenraum an die Wand projiziert.
- Farben gezielt einsetzen:
  Zu viele Farben erschweren unter Umständen die Übersicht. Deshalb gilt, dass für eine Folie nicht mehr als vier Farben verwendet werden sollten.
  Farben können folgende Funktion haben:
  - Gliederung: Zusammengehörige Sachverhalte können mit einer Farbe notiert werden.
  - Hervorhebung: Überschriften werden z. B. in Rot, andere Textteile in Blau, visuelle Elemente in Schwarz und Grün geschrieben.
  - Verschönerung: Hier ist Zurückhaltung angesagt. Zu viel Farbe lenkt den Betrachter mitunter vom Inhalt ab. Aber Rahmen oder Schraffierungen sind häufig sehr hilfreich.
- Mindmaps:
  Die in der Schule gegenwärtig hochgelobten Mindmaps eignen sich für Präsentationen nur bedingt. Die Vielzahl der Gestaltungselemente, die zu einer Mindmap gehören, wirkt auf den Betrachter häufig irritierend. Er muss zunächst die Mindmap erschließen und die einzelnen visuellen Elemente den Aussagen des Vortrags zuordnen. In der Unterrichtspraxis zeigt sich, dass Mindmaps sich eher dafür eignen, Texte oder Sachzusammenhänge individuell zu erschließen oder den eigenen Vortrag im Sinne einer Stichwortkarte zu strukturieren (vgl. S. 63). Bei Präsentationen ist aber Zurückhaltung geboten.

### *Wie trägt man mithilfe des Tageslichtprojektors vor?*

- Folien ausreichend lange aufliegen lassen:
  Die Zuhörer müssen gleichzeitig dem Vortrag folgen und die Visualisierung aufnehmen. Das braucht Zeit. Komplexe Darstellungen sollten in Ruhe betrachtet werden können. Deshalb sollten die Folien einige Zeit auf dem TLP verbleiben (mind. zwei Minuten).
- Nur wenige Folien einsetzen:
  Der Vortragende muss genau überlegen, wie viele Folien er einsetzt. Auch wenn es hier keine Regeln gibt, so können Sie Ihren Schülern sagen, dass in Fachvorträgen von etwa 10 Minuten Dauer maximal drei bis vier Folien eingesetzt werden sollten. Zudem gilt: Je komplexer die Abbildungen sind, desto weniger Folien sollten verwendet werden. Es ist also durchaus möglich, nur eine einzige Folie zu verwenden, die im Kern den gesamten Zusammenhang enthält.
- Bezug herstellen:
  Wenn die Vortragenden allein deshalb Folien auflegen, weil das Bild sie anspricht, dann muss nach dem Nutzen für die Zuhörer gefragt werden. Jede zusätzliche visuelle Information muss von den Zuhörern verarbeitet werden. Dies ist nur dann sinnvoll, wenn die Folie inhaltlich einen deutlichen Bezug zum Vortrag aufweist. Dieser Bezug sollte vom Vortragenden durch entsprechende Hinweise und Verweise deutlich gemacht werden, so dass sich Folie und Vortrag wechselseitig unterstützen.
- Folie während des Vortrags ergänzen:
  Fortgeschrittene Benutzer werden Details erst während des Vortrags in die Folie eintragen, z. B. lassen sich die Daten in ein Tortendiagramm (M 2b) erst nach und nach eintragen, immer dann, wenn der Vortragende die entsprechenden Informationen bereits genannt hat. Andernfalls stellt sich für den Betrachter vielleicht die Frage, warum er dem Vortrag noch folgen sollte, die wichtigen Informationen könnte er ja bereits der Grafik entnehmen.

Übung:
Folien anfertigen

**Jahrgangsstufe:** 6–11
**Ziel:** Gestaltungshinweise kennen lernen und bei der Anfertigung von Folien berücksichtigen können
**Sozialform:** Einzel- und Partnerarbeit

**Zeitumfang:** 45–90 Minuten
**Material:** M 3, DIN-A4-Papier, Bleistift, Buntstifte, Folien, Folienstifte

Anhand der Kopiervorlage M 3 können Sie die Grundlagen zur Foliengestaltung der Klasse vorstellen. Alternativ können Sie einem Schüler die Hinweise an die Hand geben und ihn auffordern mithilfe der Folie einen kurzen Vortrag über die Anfertigung von Folien zu halten.
Wählen Sie nach dem Vortrag einen Text aus, den die Schüler in Einzelarbeit in einen knappen Vortrag umwandeln können. Zu diesem Text, der thematisch in Ihre Unterrichtsreihe passen sollte, fertigen die Schüler dann (z. B. als Hausaufgabe) eine Folienskizze an. Erfahrungsgemäß sollten die Texte für die Jahrgangsstufen 5 bis 8 anschaulich und narrativ sein. Ab der Klasse 9 können auch komplexere und abstrakte Texte als Grundlage dienen (vgl. S. 60 ff., M 7a – M 7c).
In der anschließenden kooperativen Phase besprechen die Schüler in Kleingruppen oder mit dem Tischnachbarn ihre Skizzen. Dabei können sie sich gegenseitig beraten und so ihre Skizze verbessern. Anschließend übertragen die Schüler ihre Skizzen auf eine Folie.
In der Präsentationsphase kann die Lehrkraft (nach dem Zufallsprinzip) einzelne Schüler auffordern, ihre Folien zu präsentieren.
Anhand der erarbeiteten Kriterien können die Schüler die Folie besprechen und beurteilen.

➡ Übung:
Kriterien für gelungene Folien entwickeln und anwenden

**Jahrgangsstufe:** 8–13
**Ziel:** Gestaltungshinweise erarbeiten und bei der Anfertigung von Folien berücksichtigen können
**Sozialform:** Einzelarbeit, Partner- oder Gruppenarbeit
**Zeitumfang:** 90 Minuten
**Material:** Kleine Kärtchen oder Zettel, ggf. in zwei Farben (DIN A7), Papier (DIN A4), Bleistift, Buntstifte, Folien, Folienstifte

Wenn Sie stärker von den Kenntnissen der Schüler ausgehen möchten, bietet es sich an, dass die Schüler als vorbereitende Hausaufgabe eine Folienskizze anfertigen. Fordern Sie die Schüler auf, zu einem Text, der thematisch in ihren Unterricht passt, eine Folienskizze anzufertigen, die als Unterstützung für einen Vortrag dienen kann.

Die Ergebnisse der Hausaufgaben werden dann im Unterricht in Kleingruppenarbeit vorgestellt, ohne dass die Folien von den Teammitgliedern an dieser Stelle bereits kommentiert werden. Die Ergebnisse bleiben auf dem Tisch liegen, so dass jeder Schüler der Gruppe sie ansehen kann.
Jeder Schüler erhält dann fünf kleine Karten oder Zettel z. B. in Rot und in Grün. Die Schüler formulieren einzelne Kriterien, die eine Folie ausmachen, und notieren je ein Stichwort auf eine Karte. Dabei sollten sie zwei Bereiche unterscheiden: Was ist zu empfehlen (grüne Karten)? Was ist zu vermeiden (rote Karten)?
Anschließend werden diese Ergebnisse in den Gruppen verglichen und sortiert. Doppelungen können herausgenommen, Widersprüche im Gespräch geklärt werden.
Vor dem Hintergrund ihrer Ergebnisse entwickeln die Gruppen erste Leitlinien für die Gestaltung von gelungenen Folien.
Diese Leitlinien werden im Plenum vorgestellt und gesammelt, so dass die Klasse am Ende einen Leitfaden hat, der die Kriterien für gelungene Folien beinhaltet.
Anhand dieser Kriterien überarbeiten die Schüler ihre Folien (z. B. als Hausaufgabe). Anschließend werden einzelne Schüler aufgefordert, ihre Folien vor der Klasse oder in der Kleingruppe vorzustellen. Für die nochmalige Beurteilung der Folien durch die Schüler werden die Kriterien herangezogen.

⇨ Tipp:

Nach meiner Erfahrung ist dieses Vorgehen sehr nachhaltig. Gerade in höheren Jahrgangsstufen verfügen die Schüler bereits über viele Grundkenntnisse, so dass ähnliche Kriterien gesammelt werden, wie sie hier vorgestellt werden (M 3). Aber da die Schüler sie selbst formuliert und überprüft haben, werden sie sie eher anwenden. Zudem entwickeln die Schüler ein Gespür dafür, dass die Hinweise immer abhängig vom Inhalt zu sehen sind. Die Schüler erwerben so ein praktisches Wissen, das sie in unterschiedlichen Situationen flexibel anwenden können.

➡ Übung:
Folien beurteilen

**Jahrgangsstufe:** 8–13
**Ziel:** Ausgehend von den im Unterricht erarbeiteten Kriterien vorhandene Folien beurteilen können

**Sozialform:** Einzelarbeit, Partner- oder Gruppenarbeit
**Zeitumfang:** 45 Minuten
**Material:** M 4a und M 4b

Die Schüler erhalten die Arbeitsblätter M 4a und M 4b. Dort finden sie zwei Folien, die Schüler für einen Fachvortrag angefertigt haben. Ausgehend von den im Unterricht vorgegebenen oder durch die Schüler erarbeiteten Kriterien beurteilen die Schüler die beiden Beispiele.

## *Die Tafel im Vortrag*

Auch wenn die Tafel im schulischen Alltag ein geradezu ideales Medium darstellt, so ist sie im Zusammenhang mit Fachvorträgen weniger gut geeignet. Denn die Schüler besitzen in der Regel nicht die notwendigen Erfahrungen im Umgang mit der Tafel. Die veränderten Proportionen, die Bedeutung des Schriftbildes und eine andere Raumaufteilung führen häufig zu weniger befriedigenden Ergebnissen. Zudem können die Schüler das Tafelbild zwar vorbereiten, zeichnen müssen sie es aber unmittelbar vor dem Vortrag oder sogar während des Vortrags. Letzteres lenkt vom eigentlichen Vortrag ab, reduziert häufig die Aufmerksamkeit der Zuhörer und beansprucht auch den Redner unnötig.
Dennoch hat die Tafel auch im Fachvortrag ihre Berechtigung.
So ist es zum Beispiel sinnvoll, die Gliederung des Vortrags an die Tafel zu schreiben. Sie bleibt so während des Vortrags sichtbar und der Vortragende kann immer wieder darauf verweisen. Wenn er zusätzlich mit Folien arbeitet, ist er nicht gezwungen, immer wieder die Gliederungsfolie aufzulegen, um die Zuhörer über den Verlauf des Referats zu informieren. Zudem wechselt der Vortragende so mitunter zwischen Tafel und TLP, so dass eine gewisse Bewegung im Raum die Aufmerksamkeit der Zuhörer sichert.

### *Die Tafelanschrift vorbereiten*

- Lesbare und große Schriften verwenden:
  Wenn die Tafel kariert ist, sollte ein Großbuchstabe die Größe von zwei Kästchen, ein Kleinbuchstabe die Größe eines Kästchens haben. Für die Ober- und Unterlänge werden weitere Felder einbezogen. Es sollte in Druckschrift geschrieben werden.
- Stichwörter statt ganzer Sätze:
  Auch für die Tafel gilt, dass nur die zentralen Begriffe aufgeschrieben werden.
- Farben gezielt einsetzen:
  Farben können zur Gliederung, Hervorhebung oder zur Verschönerung verwendet werden. Auch hier gilt, was bereits zu Folien angemerkt wurde.

### *Mithilfe der Tafel vortragen*

- Rechtzeitig skizzieren und ausprobieren:
  Das Tafelbild sollte sorgfältig geplant und skizziert werden. Es ist sehr hilfreich, einige Tage vor dem Vortrag an der Tafel eine Skizze anzufertigen, um zu prüfen, ob der Entwurf realisierbar ist.
- Frühzeitig die Tafel vorbereiten:
  Erinnern Sie Ihre Schüler daran, dass sie an die Kreide, v. a. an die farbige Kreide, denken und sie ggf. frühzeitig besorgen müssen.
  Die Schüler müssen zudem einplanen, dass die Tafel sorgfältig gereinigt werden muss. Wenn die Tafel nass gewischt wird, muss die Trockenzeit eingeplant oder mit einem Abzieher für Fenster das Wischwasser von der Tafel entfernt werden.
  Die Schüler sollten frühzeitig das Tafelbild anfertigen, damit sie mit der Zeichnung fertig sind, wenn ihr Referat beginnen soll. Das ist eine besondere Herausforderung, da die Schüler hinsichtlich der Dauer über nur wenige Erfahrungen verfügen.
  Wenn zusätzlich der TLP ausgerichtet werden muss, Tischvorlagen sortiert werden etc., werden viele Schüler bereits durch die Vorarbeiten unruhig. Fordern Sie Ihre Schüler dazu auf, rechtzeitig in den Raum zu gehen, damit sie ihre Vorbereitungen in Ruhe treffen können.

Wenn alles vorbereitet ist, sollten Ihre Schüler zwei weitere Punkte beachten:

- Tafelbild prüfen:
  Fordern Sie Ihre Schüler dazu auf, vom Ende des Raums das Tafelbild zu prüfen.
  Ist alles gut lesbar?
- Blickkontakt halten:
  Während des Vortrags soll der Vortragende nicht gleichzeitig zur Tafel schauen und sprechen. Denn dann können die Zuhörer den Sprecher nur schlecht verstehen und der Blickkontakt wird unterbrochen.

Tipp:

Da in den Klassen in der Regel nur eine Tafel zur Verfügung steht, kann nicht mit der ganzen Klasse gleichzeitig der Umgang mit der Tafel im Vortrag praktisch geübt werden.
Sie können Ihre Schüler jedoch im gewöhnlichen Schulalltag darauf vorbereiten: Lassen Sie Ihre Schüler immer wieder an der Tafel arbeiten: eigene Ergebnisse anschreiben, kleine Skizzen anfertigen oder Ergänzungen vornehmen.
So werden die Schüler im Lauf ihres Schülerlebens mit der Tafel vertraut. Im „Ernstfall Vortrag" werden die praktischen Fähigkeiten dann so weit ausgeprägt sein, dass die Schüler mit der Tafel grundsätzlich umzugehen verstehen.

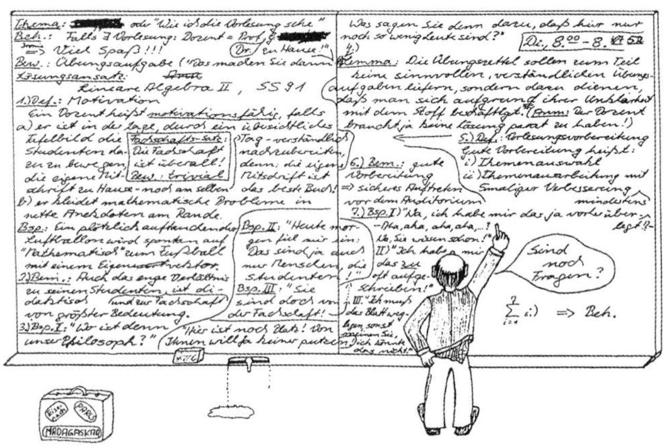

*Augenscheinlich benötigt der Referent noch einige Hinweise zum angemessenen Vortragen.*

## Flip-Chart und andere Plakate

Bei außerschulischen Fortbildungsveranstaltungen finden häufig großformatige Schreibunterlagen – etwa im DIN-A0-Format – Verwendung. Diese so genannten Flip-Charts sind Papierblöcke, die für spezielle Gestelle gefertigt werden. In Schulen finden sich mitunter einzelne Ständer, in den Klassenräumen selbst sind sie aber nur in Ausnahmefällen zu finden.

Für Präsentationen bieten Flip-Charts einige Vorteile:

- Sie ermöglichen sehr saubere und visuell ansprechende Veranschaulichungen, da die farbigen Filzstifte (Marker) auf dem weißen Papier gut kontrastieren.
- Die Bögen können gut vorbereitet werden: Da die Proportionen für die Schüler ungewohnt sind, sollten sie die Bögen zunächst mit einem Bleistift beschriften. Erst wenn das Ergebnis zufriedenstellend ist, sollte zu den Markern gegriffen werden.
- Die karierten Bögen erleichtern es den Schülern, eine gleichmäßige Schrift und Aufteilung zu erlangen.
- Die Bögen sind leicht zu transportieren.
- Die Schüler können mehrere Bögen präsentieren, wobei die bereits gezeigten problemlos im Raum aufgehängt werden können (Kreppklebeband oder Pinnwandnadeln). So entsteht während des Vortrags eine kleine Wandzeitung, und die Zuhörer können anhand der Plakate den Verlauf des Vortrags nachvollziehen.
  In der anschließenden Diskussion sind die Bögen präsent und erleichtern dem Publikum die Erinnerung und Bezugnahme auf den Vortrag.

Folgende Nachteile sollten jedoch bedacht werden:

- Die Bögen sind recht kostspielig und in den Schulen selten verfügbar.
- Die Ständer sind relativ unhandlich und schlecht zu transportieren.
- Die Schreibfläche ist sehr stark begrenzt, daher können nur wenige Informationen pro Bogen aufgeschrieben werden.
- Aus den hinteren Reihen sind die Plakate oft schlecht zu lesen (Schriftgröße beachten!).
- Die Gestaltung verlangt einige Übung und Erfahrung.

### *Was tun, wenn keine Flip-Chart-Bögen verfügbar sind?*

Nehmen Sie glatte Tapetenreste, preiswerte Papiertischdecken, sammeln Sie die Poster und Werbeplakate, die mit der täglichen Schulpost in Ihre Schule kommen.
Viele große Druckereien (vor allem von Tageszeitungen) verschenken Restrollen an Schulen. Mit diesen Rollen werden Sie vermutlich sehr lange Ihren Unterricht bestreiten können. Fragen lohnt sich!
Wenn Sie keinen Flip-Chart-Ständer in der Schule haben, können Sie die Bögen an der Tafel fixieren. Am besten nehmen Sie dafür vier kräftige Magnete.
Oder haben Sie an Ihrer Schule Stellwände? Auch an der Wand lassen sich die Bögen mit Kreppklebeband fixieren. Improvisieren Sie!

### *Die Flip-Chart-Bögen vorbereiten*

Hinsichtlich der Gestaltung gelten für Flip-Charts weitgehend ähnliche Bedingungen und Regeln wie für die Benutzung der Tafel.

- Lesbare und große Schriften verwenden:
  Die Großbuchstaben sollten in Klassenräumen etwa 5 cm hoch sein.
  Wenn die Bögen kariert sind, können sich die Schüler an den Kästchen orientieren. Ein Großbuchstabe sollte so groß wie zwei Kästchen, ein Kleinbuchstabe so groß wie ein Kästchen sein. Überlängen reichen in weitere Kästchen hinein.
  Die Anschrift sollte in Druckbuchstaben verfasst werden.

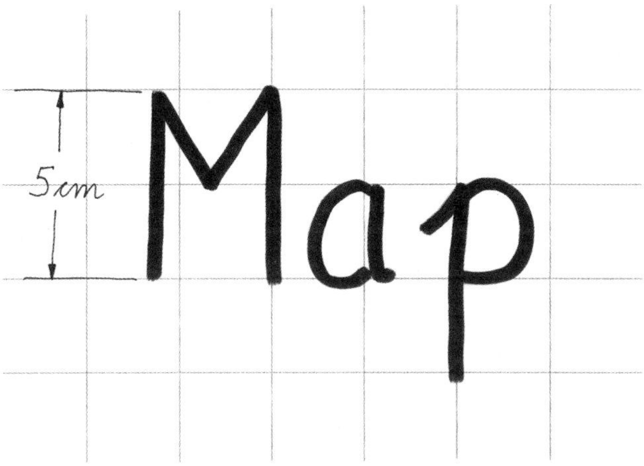


- Stichwörter statt ganzer Sätze:
  Gerade für Flip-Charts gilt aufgrund der geringen Schreibfläche, dass sich die Vortragenden auf die zentralen Begriffe beschränken.
- Farben gezielt einsetzen:
  Die Farben werden zur Gliederung, Hervorhebung oder Verschönerung eingesetzt. Leicht verfügbar sind die Farben Rot, Blau, Grün und Schwarz. Verwenden Sie Marker mit einer runden Spitze, die nicht durchs Papier durchschlagen.
- Vorbereitete Bögen einige Tage vor dem Vortrag prüfen:
  Sind die Plakate auch aus den hinteren Reihen zu lesen?
- Rechtzeitig vorbereiten:
  Das Gestell sollte reserviert werden und rechtzeitig vor dem Vortrag im Raum stehen.

### *Mithilfe der Flip-Chart-Bögen vortragen*

- Die Gliederung vorstellen:
  Es hat sich bewährt, die Gliederung des Vortrags auf einem Bogen zu notieren. Der Redner stellt in der Einleitung seinen Vortrag vor, im Hauptteil des Referates kann er mit Folien arbeiten und so zwischen Flip-Chart-Bogen und Folien wechseln.
- Blickkontakt halten:
  Während des Vortrags soll der Redner nicht gleichzeitig zum Flip-Chart schauen und sprechen.
- Während des Vortrags ergänzen:
  Wichtige Einzelheiten können auch während des Vortrags eingetragen werden.
- Wandzeitungen herstellen:
  Wenn mehrere Bögen verwendet werden, können die bereits besprochenen Bögen zügig aufgehängt werden. Sehr einfach geht es mit Pinnwandnadeln. Es gibt auch Flip-Chart-Gestelle, an denen rechts und links jeweils ein weiterer Bogen aufgehängt werden kann. Währenddessen sollte der Vortragende nicht referieren.

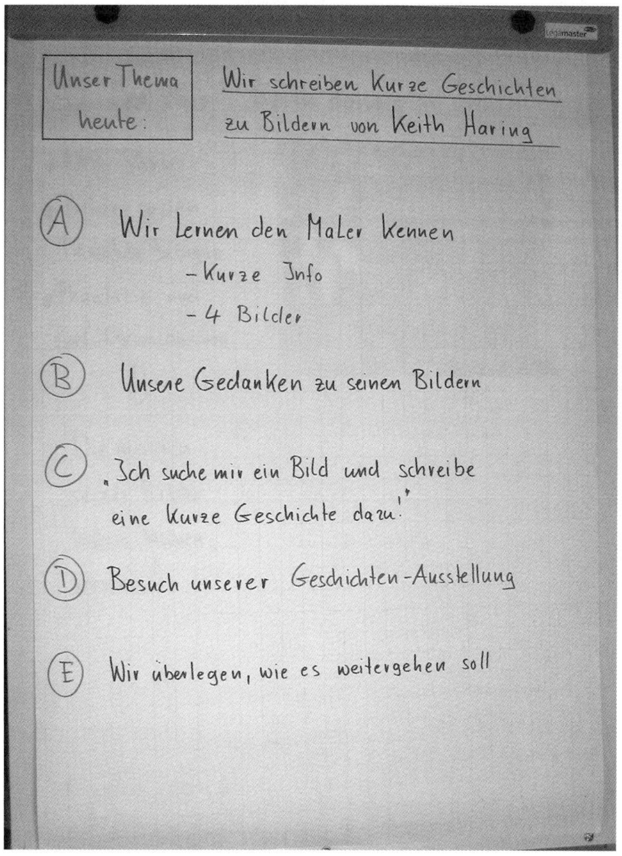


## *Powerpoint & Co: Aus Zuhörern werden Zuschauer!*

Die Errungenschaften der Technik machen vor der Schule nicht Halt. Das ist gut so, denn unsere Schüler sollten den sich immer rascher wandelnden Herausforderungen gewachsen sein. Ob für

einen Fachvortrag aber eine Powerpoint-Präsentation sinnvoll ist, muss im Einzelfall entschieden werden.
Für die Gestaltung einer solchen Powerpoint-Präsentation gelten natürlich die gleichen Bedingungen wie für einen ansprechenden und zielgerichteten Folienvortrag. Erfahrungsgemäß fällt das den Schülern aber besonders schwer. Die Leichtigkeit, mit der der versierte PC-Nutzer ein weiteres Bildchen, eine neue Schrift, eine bunte Animation oder eine zusätzliche Tabelle einfügen kann, verleitet dazu, immer aufwändigere Präsentationen zu entwickeln. Nur: Wem nützt das? Verändert sich durch aufwändige Präsentationen nicht vielleicht die Rolle der Zuhörer? Wird das visuelle Element nicht derart aufgewertet, dass die Zuhörer gezwungenermaßen zum *Zuschauer* werden, deren Blicke stärker auf die Leinwand gerichtet sind als auf den Redner?
Diskutieren Sie die Problematik mit Ihren Schülern. Sie können gemeinsam mit ihnen Argumente für und gegen den Einsatz von Präsentationsprogrammen sammeln und abwägen.
Hier finden Sie einige Anhaltspunkte.

### *Was spricht gegen die Präsentationsprogramme?*

- Die zahlreichen Bilder und Animationen, die unterschiedlichen Farben und Formen und von links und rechts sich ins Bild schiebende Textbausteine lenken die Zuhörer vom Inhalt des Vortrags ab.
- Die Schüler verwenden unverhältnismäßig viel Zeit bei der Erstellung der Präsentation.
- Die technischen Voraussetzungen sind vielleicht nicht gegeben oder häufig mit einem erheblichen Mehraufwand verbunden.
- Einfache Projektionsgeräte müssen in der Regel in abgedunkelten Räumen betrieben werden.
- Vor Beginn des Vortrags nimmt die Technik die vortragenden Schüler stärker in Anspruch als die eigentlich viel bedeutsamere mentale Einstimmung.
- Selbst bei professionellen Kongressen oder Tagungen sind immer wieder technische Probleme zu beobachten, die den Beginn des Vortrags verzögern und für Unruhe sorgen.

### *Was spricht für die Präsentationsprogramme?*

- Wer sich mit dem Programm auskennt, kann sehr leicht Fotos, Bilder, Videos einspielen.
- Die Präsentation kann – sofern die Schüler über die entsprechende Software etc. verfügen – zu Hause vorbereitet werden.
- Auch mit Powerpoint können die Gestaltungshinweise für Folien berücksichtigt werden (vgl. M 3).
- Die Präsentation kann einfacher in andere digitale Medien integriert werden, z. B. in die schuleigene Homepage.

➡ Übung:
Über Präsentationsprogramme nachdenken

**Jahrgangsstufe:** 8–13
**Ziel:** Den Einsatz von Präsentationsprogrammen kritisch beurteilen können und Konsequenzen für die eigenen Vorträge formulieren
**Sozialform:** Einzelarbeit, Klassengespräch
**Zeitumfang:** 45 Minuten
**Material:** M 5

Mit dem Arbeitsblatt M 5 können Sie in höheren Jahrgangsstufen – ausgehend von einem sehr kritischen Kommentar – gezielt den Einsatz von Powerpoint problematisieren. Nachdem die Schüler den Text gelesen haben, überlegen sie, welche Konsequenzen die Kritik an Präsentationsprogrammen für ihre zukünftigen Vorträge haben wird.

⇨ Tipp:

Wenn Sie nicht mit dem Text M 5 arbeiten möchten, können Sie Ihren Schülern auch erklären, dass für Powerpoint-Präsentationen die gleichen Gestaltungsregeln gelten wie für die anderen Medien. Die Hinweise zum Einsatz und zur Gestaltung von Folien (M 3) lassen sich in diesem Zusammenhang noch einmal ins Bewusstsein der Schüler rufen.
Machen Sie dabei deutlich, dass es wesentlich wichtiger ist, inhaltlich gut vorbereitet und fit in der Sache zu sein, zwei durchdachte Folien einzusetzen und am Ende eine gute Diskussionsleitung anzubieten als bunte und bewegte Bilder zu zeigen.
Bedenken Sie, dass es auch für Sie als Lehrkraft einen erheblichen Mehraufwand bedeuten kann, die technischen Voraussetzungen im jeweiligen Fachraum zu realisieren!

## *Thesenpapier*

Für Fachvorträge, in denen es – anders als bei Anlass- oder Meinungsreden – um die Darstellung von Sachzusammenhängen geht, ist es bisweilen hilfreich, die zentralen Aussagen des Vortrags auf einem Thesenpapier an die Zuhörer auszuteilen. Häufig zeigt sich erst nach dem Vortrag, wie nützlich diese Übersicht für die Zuhörer ist.
Das Thesenpapier sollte auf keinen Fall den gesamten Vortrag beinhalten. Selbst längere zusammenhängende Texte sind nur im Ausnahmefall angebracht. Sie lenken die Zuhörer mehr ab, als dass sie den Vortrag unterstützen.
Die Begrifflichkeit ist sehr uneinheitlich. Man spricht vom Thesenpapier oder Handout, von der Tischvorlage oder Handreichung etc. In allen Fällen geht es darum, dass die Zuhörer eine schriftliche Information zum Vortrag bekommen. Auch wenn sich nur in manchen Fällen echte Thesen auf der Tischvorlage finden, so wird hier von Thesenpapier gesprochen.
Die folgenden Fragen sollten sich die Schüler stellen, wenn sie für die Zuhörer ein Thesenpapier ausgeben möchten:

### *Wann teile ich die Kopien aus?*

Vor dem Vortrag?

- Alle Zuhörer können Notizen und Anmerkungen auf dem Thesenpapier machen.
- Am Ende des Vortrags können sich die Redner auf die Fragen der Zuhörer konzentrieren. Das Austeilen der Vorlagen wird in der Aufregung am Ende nicht vergessen.
- Es kann die Aufmerksamkeit erhöhen, wenn die Kopien kleine Arbeitsaufträge (Lücken, Anregungen, Skizzen) enthalten, die die Teilnehmer in einer Pause oder am Ende des Vortrags ergänzen sollen.
- Empfehlenswert ist es, wenn das Thesenpapier identisch mit den Folien ist! Die Zuschauer sind nicht vom Vortrag abgelenkt. Es entsteht bei ihnen nicht das Bedürfnis, Folie und Thesenpapier zu vergleichen.

Während des Vortrags?

Ihre Schüler sollten es vermeiden, die Thesenpapiere während des Vortrags auszuteilen. Das verursacht große Unruhe.

Nach dem Vortrag?

- Die Zuhörer sind nicht abgelenkt vom eigentlichen Vortrag. Sie können sich trotzdem Notizen machen, aber eben nicht auf dem Thesenpapier.
- Das Austeilen der Papiere unterbricht aber die vielleicht anzuregende Diskussion.
- Es bietet sich an, das Papier jetzt auszuteilen, wenn es differenzierter ist als die präsentierten Folien.

### *Wie sollte das Thesenpapier gestaltet werden?*

Die einfachste, aber deshalb nicht die schlechteste Möglichkeit ist es, die zentralen Folien zu vervielfältigen und zu verteilen. Das kann den Kopieraufwand allerdings leicht in die Höhe treiben, da in einer Klasse mit 30 Schülern bei vier Folien 120 Kopien angefertigt werden müssten. Alternativ kann der Vortragende die gleichen Inhalte auf einer bis zwei Kopien unterbringen.
Gliedern Sie das begleitende Thesenpapier deutlich, integrieren Sie nur sehr wichtige Abbildungen.

➔ Übung:
Thesenpapier anfertigen

**Jahrgangsstufe:** 8–13
**Ziel:** Gestaltungshinweise zum Thesenpapier umsetzen können
**Sozialform:** Einzelarbeit, Plenumsgespräch
**Zeitumfang:** 45 Minuten
**Material:** Kopiervorlage M 6

Das Beispiel M 6 zeigt eine Handreichung, in der der Schüler die Gliederung seines Referats als Ausgangspunkt für die Übersicht genommen hat. Neben den Zwischenüberschriften findet sich eine Abbildung, die die zentrale Aussage veranschaulicht.
Das Arbeitsblatt kann Ihren Schülern als Orientierung für die individuelle Anfertigung von Thesenpapieren dienen.

## Visualisierungen und Medieneinsatz: Geht es auch ohne Veranschaulichung?

**M 1**
**Kopiervorlage**

### Physik

*Archimedisches Gesetz:* Ein Körper erfährt beim Eintauchen in eine Flüssigkeit einen Auftrieb. Dieser Auftrieb ist gleich dem Gewicht der verdrängten Flüssigkeitsmenge.

*Anhalteweg:* Der Anhalteweg eines Fahrzeugs setzt sich aus dem Reaktionsweg und dem Bremsweg zusammen. Der Reaktionsweg ist abhängig von der Reaktionszeit des Fahrers und der Geschwindigkeit des Fahrzeugs. Der Bremsweg hängt vom Zustand der Fahrbahn, der Reifen, der Bremsen und von der Geschwindigkeit ab.

### Sport

*Abseits:* Ein Fußballspieler ist abseits, wenn er im Augenblick der Ballabgabe der gegnerischen Torlinie näher ist als der Ball sowie der vorletzte Abwehrspieler. Abseits ist ein regelwidriges Verhalten.

### Politik/Wirtschaft

*Zahlungsmittel:* Zahlungsmittel sind die Mittel des Zahlungsverkehrs, d. h. die Gesamtheit aller Zahlungsvorgänge in einer Volkswirtschaft, durch die empfangene Leistungen (Waren oder Dienste) ausgeglichen werden. Devisen sind alle ausländischen Zahlungsmittel.
Es sind drei Arten von Zahlungsmitteln zu unterscheiden: Bargeld, Buchgeld und Geldersatzmittel. Bargeld besteht aus Münzgeld und Papiergeld. Buchgeld sind fällige Guthaben – auch eingeräumte Kredite – bei Kreditinstituten, Landeszentralbanken und der Deutschen Bundesbank. Unter Geldersatzmitteln werden Zahlungsmittel verstanden, bei denen a) im Gegensatz zu den gesetzlichen Zahlungsmitteln kein gesetzlicher Annahmezwang besteht oder b) die nur gelegentlich zur Abwicklung des Zahlungsverkehrs dienen. Dazu gehören der Wechsel, der Bank- und Postscheck sowie die kaufmännische Anweisung.

*Nachfrage nach Gütern:* Das Nachfragegesetz besagt, dass normalerweise die nachgefragte Menge eines Gutes umso kleiner ist, je höher der Preis dieses Gutes ist. Sinkt der Preis, so steigt die nachgefragte Menge und umgekehrt.

### Deutsch/Sprachen

*Zeichensetzung in der wörtlichen Rede:* Vor und hinter der wörtlichen Rede steht jeweils ein Anführungszeichen. Die wörtliche Rede kann von einem Begleitsatz eingeleitet, abgeschlossen oder unterbrochen werden.
Wenn mit wörtlicher Rede begonnen wird, wird sie immer mit einem Komma vom Begleitsatz abgetrennt. Bei einer Frage und einem Befehl bleiben Frage- und Ausrufzeichen erhalten.

Drei Beispiele:

| | |
|---|---|
| Der Begleitsatz leitet die wörtliche Rede ein: | Er sagte: „Ich fahre gleich in die Stadt." |
| Der Begleitsatz schließt die wörtliche Rede ab: | „Wann fährst du los?", fragte sie. |
| Der Begleitsatz unterbricht die wörtliche Rede: | „Ich fahre jetzt in die Stadt", sagte er, „und bringe frischen Salat mit." |

**Aufgabe:**

1. Versuchen Sie zunächst zu verstehen, worum es in den Abschnitten geht.
2. Überlegen Sie dann,
   a) wie Sie den Sachverhalt ausschließlich *mündlich* vorstellen können.
   b) wie Sie den Sachverhalt *veranschaulichen* können, um Ihren Vortrag zu unterstützen.

# Visualisierungen und Medieneinsatz: Geeignete und ungeeignete Folien

**M 2a Kopiervorlage**

Die folgende Folie ist aus einem Fachbuch übernommen. Sowohl hinsichtlich der Informationsdichte als auch Schriftgröße ist sie für eine Präsentation völlig ungeeignet.

Adressatenorientierte Didaktik im Überblick

| | | | | | | |
|---|---|---|---|---|---|---|
| *Prämisse* | Der Erwachsene als autonomes Individuum mit unterschiedlicher Bewußtseinslage und unterschiedlichen Bedürfnissen/Interessen ist der Ausgangspunkt curricularen Denkens. Es kann kein schulähnliches, d.h. verordnetes Curriculum in der quartären Phase geben. | | | | | |
| *Qualifikationen der Lehrenden* | *Kommunikationskompetenz* Sensibilität, Toleranz, Empathie, Toleranz in sozialen Fragen, Fähigkeit zu Gespräch, Meditation, Selbstreflexion, Gruppendynamiktraining | | *Interdisziplinäre Fachkompetenz* Grundfragestellungen für vieles, speziellere Kenntnisse für weniges besitzen | *Lehrerqualifikationen* | *Animateurqualifikationen im engeren Sinn* Anregen, organisieren und Mut machen, Freude, Spaß bereiten, lockern | *Speziellere Fachkompetenzen* bzw. Fertigkeiten |
| *Bewußtseins-Bedürfnis-Skala* | Suche nach Sinnorientierung, Bewußtseinserweiterung | Interesse/Bedürfnis an neuen Kommunikationsformen, Lebensweisen | Interesse an Wissen über Gesellschaft/Kultur/Technik/Politik/Wissenschaft | Bedürfnis nach Abschlüssen wie Hauptschul-, Realschulabschluß, Abitur | Interesse an Freizeitaktivitäten, Bedürfnis nach Lebenserfüllung | Ausbildungs-/Qualifikationsbedürfnis |
| *Veranstaltungsformen* | Wochenendseminare, Heimvolkshochschulwochen, Bildungsurlaub, Meditationszeiten | Gruppendynamische Seminare, Bildungsurlaub, Familienseminare, Stadtteilarbeit, Projekte | Vorträge, Vortragsreihen, Seminare, Kurse, Diskussionsformen | Lehrgänge, Semesterkurse, Schulungen, Abendschule, Abendoberschule | Selbstorganisiertes Lernen, Spielen, Kurse, Lehrgänge, Exkursionen, Reisen, Theater, Konzert, Sport, Lesungen | Ausbildung, Training, Umschulung in Bereichen wie z.B. Schreibmaschine, Stenographie, Englisch, EDV, Technisches Zeichnen |

In der handgefertigten Folie übernimmt der Vortragende nur einen Teil der obigen Übersicht. Zwei weitere Folien schließen sich an. Wenn es notwendig erscheint, so könnte obige Übersicht den Zuhörern nach dem Vortrag als Kopie ausgehändigt werden.

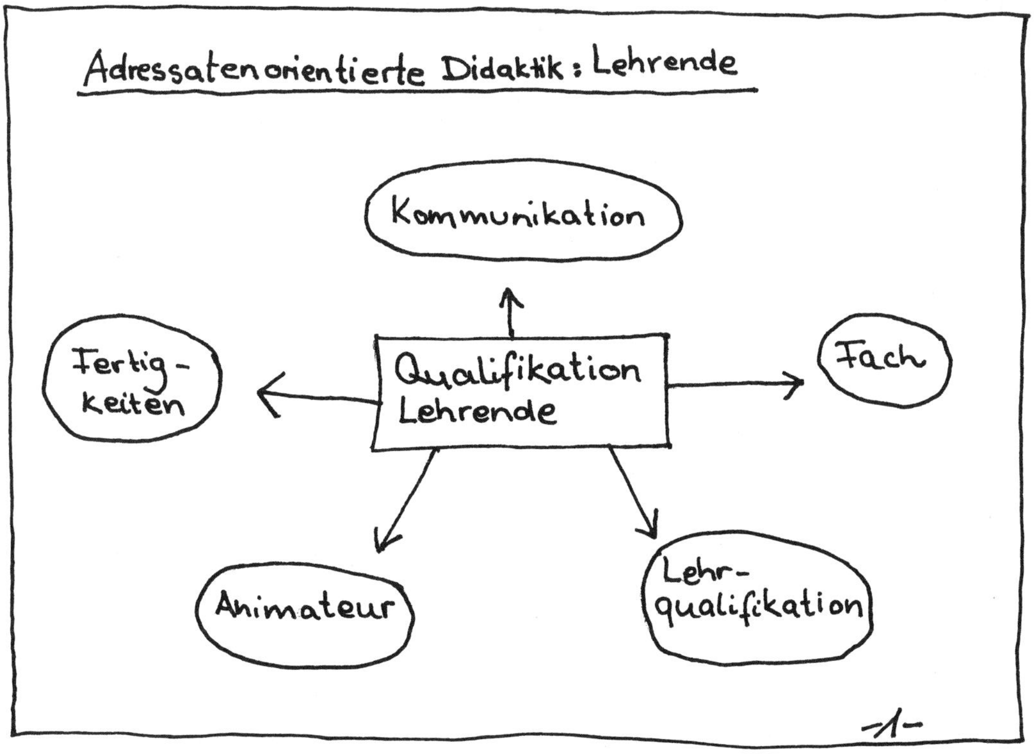

## Visualisierungen und Medieneinsatz: Geeignete und ungeeignete Folien

**M 2b Kopiervorlage**

Nicht immer ist die mit einem Grafikprogramm erstellte Folie die ansprechendere Veranschaulichung.
Zudem sind die Folien in der Regel viel schneller von Hand anzufertigen.

**Stromerzeugung nach Energieträgern in Deutschland zu Beginn des 20. Jahrhunderts**

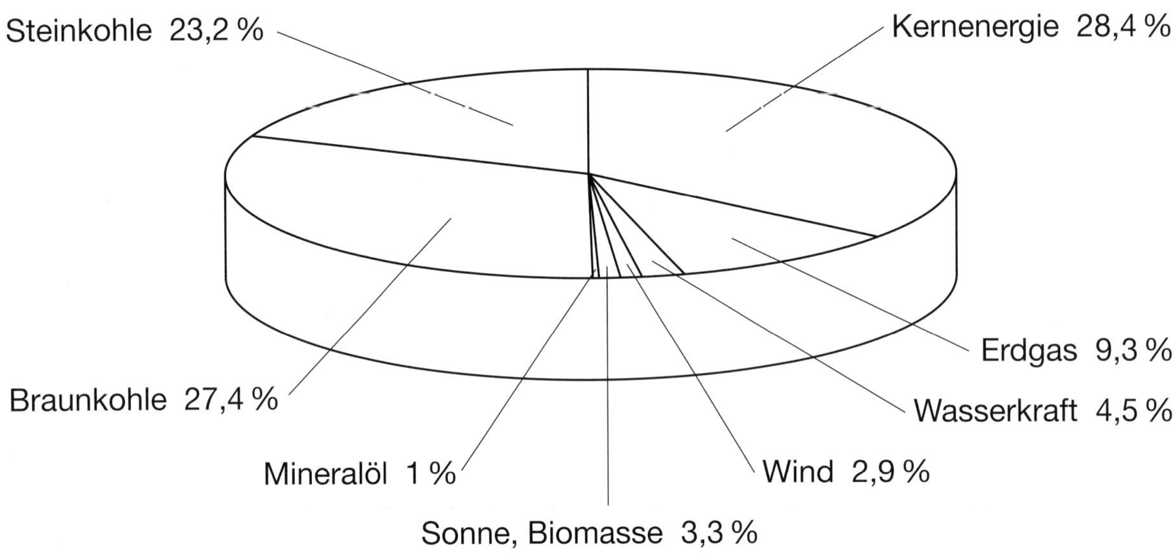


**Stromerzeugung nach Energieträgern in Deutschland zu Beginn des 20. Jahrhunderts**

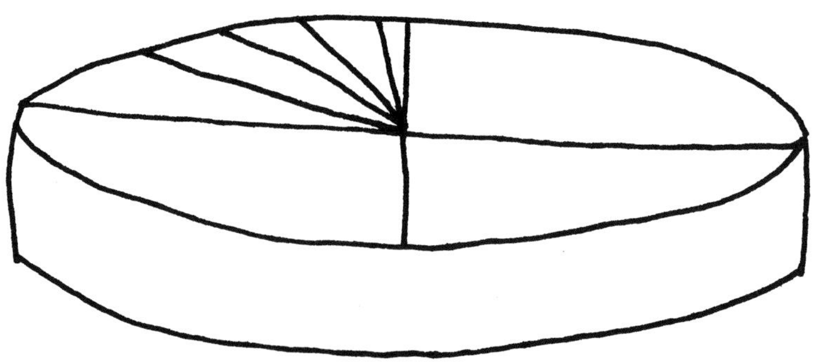

## Folien vorbereiten

- Folien erst nach inhaltlicher Vorbereitung anfertigen
- Computer muss nicht sein!
- große, gut lesbare Schrift (Druckbuchstaben, am PC Schriftgröße 18)
- 2 cm Rand
- Stichwörter statt ganzer Sätze
- Zusammenhänge oder Strukturen visualisieren (Überschriften, Pfeile, Kästen, Farben etc.)
- Farben gezielt einsetzen: Gliederung, Hervorhebung, evtl. Verschönerung
- Folien möglichst schnell anfertigen: max. 1 Stunde pro Folie
- Tageslichtprojektor vor dem Vortrag prüfen und ausrichten

## Folien während des Vortrags

- Faustregel 1: Folien lange zeigen (mind. zwei Minuten)
- Faustregel 2: nie mehr als vier Folien einsetzen
- Faustregel 3: auf Folien hinweisen und zeigen

## Kleine Geschenke erhalten die Freundschaft

Ein Referat über die Beziehung zwischen Feldherrn und Soldaten

**Die Bindung zwischen Feldherr und Soldaten nach den Gesetzen des römischen Bindungssystems:**

**Feldherr**

**Patron**
Vertretung vor Gericht
Vertretung der Interessen vorm Senat

**Klient**
Unterstützung bei Wahlen (durch Stimmen)

**Soldaten**

| Stärken | Schwächen |
|---|---|
| | |

**Aufgaben:**

1. Mit dieser Folie hat ein Schüler seinen Vortrag veranschaulicht. Bitte überlegen Sie, welche Stärken und Schwächen diese Folie aufweist und tragen Sie diese in die Tabelle ein.
2. Formulieren Sie abschließend eine Beurteilung und möglichst einige Ratschläge zur Verbesserung der Folie.

## Schafft Powerpoint ab!

Von Roger de Weck

Powerpoint fördert das Denken in geschlossenen Denksystemen, die Borniertheit wird programmiert.

Der Traumberuf eines meiner Freunde ist: Karikaturist am Radio. Noch überlege er, sagt der Spaßvogel, ob er farbig oder schwarzweiß zeichnen würde. Bis auf weiteres zählt es freilich zu den Vorzügen des Radios, dass dort Journalisten, Moderatoren und Sprecher sprechen, die keiner anderen Bilder bedürfen als der Sprachbilder.
Radiomacher verlassen sich nicht nur notgedrungen, sondern auch aus Überzeugung auf die Kraft des Wortes. Das unterscheidet sie von fast allen anderen Zeitgenossen, die – sobald sie sich an ein Publikum wenden – den Drang haben, das Gesagte zu bebildern, das Gesprochene zu visualisieren. Doch der Todfeind aller Vorträge und sonstigen Reden ist: Powerpoint. Dieses Programm von Microsoft ist genau besehen kein Programm, sondern ein Virus, der die ganze Gesellschaft befallen und verdummt hat.
Früher hatten wir die Wandtafel. Aufwändig war es, sie mit brüchiger Kreide zu beschriften. Deshalb kam nur das Wesentliche auf die schwarze Tafel: in der Form rudimentär, aber inhaltlich auf den Punkt gebracht. Powerpoint jedoch bringt nichts mehr auf den Punkt. Die wirren, unausgegorenen oder banalen Gedanken von Angebern begegnen uns in aller Pracht – bunt, blendend und blöd.
Je mehr Kästchen und Pfeile auf einem Schaubild, desto verdächtiger. Oft hat der Redner einfach alles aufgeführt, was ihm in den Sinn kam und dann alles vernetzt bzw. „verpfeilt", was zu verpfeilen war. Daraus entstehen die schönsten Schemata, die nichts besagen. Oder doch: Sie besagen, dass der Redner Eindruck machen will, indem er mit formaler Perfektion seine gedankliche Unordnung an die Wand projiziert. Das Powerpoint-Programm bietet ihm ja tausend Muster und Gliederungen, die er nur noch anklicken und ausfüllen muss – eine Einladung zum Ungefähren und Oberflächlichen. Wie schön, dass das beim Radio nicht klappt!
Wir alle sind von Powerpoint-Rednern geschädigt, und längst wissen wir: Das Ganze nützt absolut nichts. Nach dem Vortrag verschwinden die Schaubilder auf Nimmerwiedersehen, sie werden nie mehr benutzt. Zudem fördert Powerpoint das Denken in geschlossenen Denksystemen, die Borniertheit wird programmiert. Es kostet nämlich Stunden oder Tage vor dem Laptop, bis eine Präsentation steht.
Doch während der Präsentation kann der Redner nichts ändern, umbauen, ergänzen, eintragen. In einem verdunkelten Raum, ohne Blick nach draußen, diskutiert man über formal Unveränderliches; kein neuer Gedanke kann in die Schemata einbezogen, das Schema selbst nicht umgestellt werden. Powerpoint ist diktatorisch. Nur wer sich davon befreit, kann kreativ werden.
Trotzdem ist diese schreckliche Software unsere ständige Begleiterin. Fast niemand mehr spricht frei in unserem „visuellen Zeitalter". Immer muss etwas an die Wand projiziert werden, selbst wenn es unleserlich, irrelevant, überflüssig oder störend ist und obendrein den Augen weh tut. Überdies kehrt mancher Redner seinem Publikum den Rücken zu, weil er auf seine Schaubilder und Pfeildiagramme starrt. Zwischen den Pfeilen finden sich runde Felder, in die ein paar Worte ein[illegible] werden; das sind, wie bei den Comics, die so genannten „Blasen". Wie verräterisch ist dieses Wort. Höchste Zeit, dass nach der Börsenblase und der New-Economy-Blase nun auch die Powerpoint-Blase platzt. Doch hat meines Wissens nur eine Institution Powerpoint von vorneherein verboten: das Radio. Und wenn schon. Der Karikaturist am Radio ist mir immer noch lieber als jeder Powerpoint-Redner.

Aus: DeutschlandRadio – Die zwei Programme, Heft 3, 2004, S. 14.

**Aufgaben:**

1. Lesen Sie den Kommentar von Roger de Weck und arbeiten Sie seine Kernargumente heraus.
2. Überlegen Sie, ob Sie mit den Gedanken von Roger de Weck übereinstimmen können. Was sehen Sie anders?
3. Welche Konsequenzen haben die Argumente des Autors für Ihre zukünftigen Vorträge?

**Visualisierungen und Medieneinsatz:**
**Folien beurteilen**

**M 4b**
**Kopiervorlage**

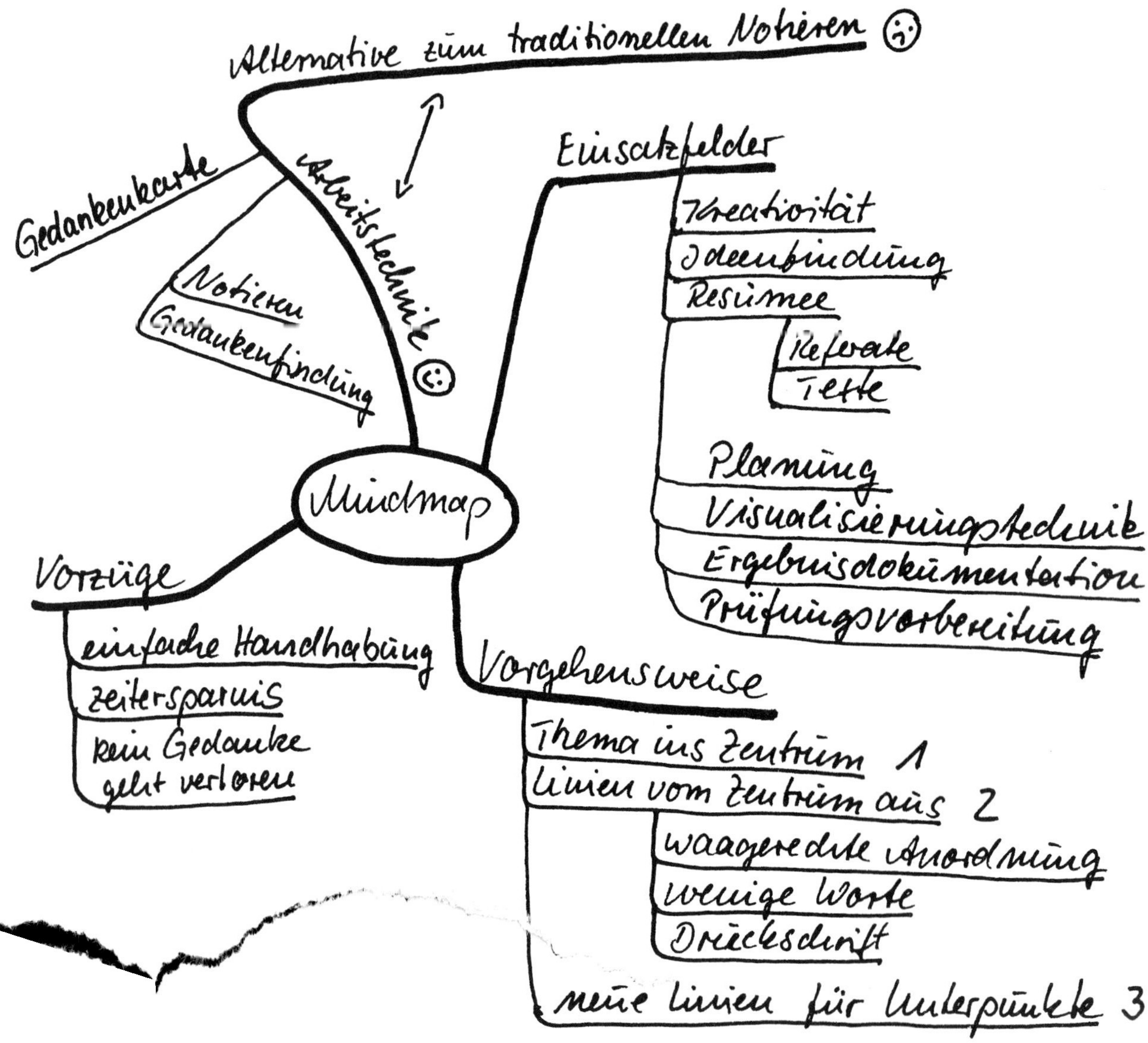


| Stärken | Schwächen |
| --- | --- |
| | |

**Aufgaben:**

1. Mit dieser Folie hat ein Schüler seinen Vortrag veranschaulicht. Bitte überlegen Si welche Stärken und Schwächen diese Folie aufweist, und tragen Sie diese in d Tabelle ein.
2. Formulieren Sie abschließend eine Beurteilung und möglichst einige Ratschläge z Verbesserung der Folie.

*Peter Meiwald, Klasse 10 a, Politik, 20. 03. XX* — *Kopfzeile*

**Wie kommt es zum Treibhauseffekt?**
*oder*
**Das Weltklima im Ungleichgewicht** ← *Problemfrage/ Thema*

1. Klima ist nicht gleich Wetter!

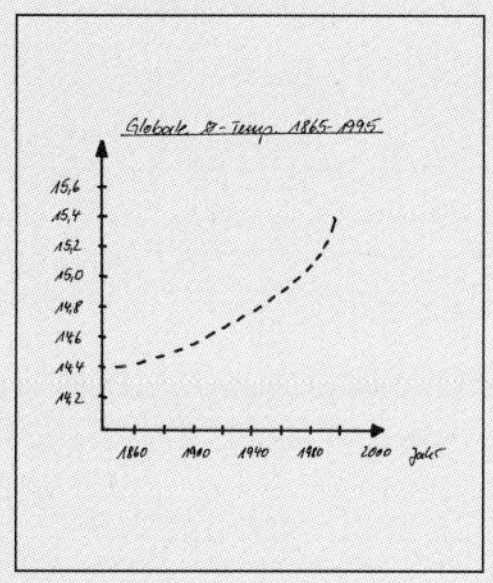


2. Klima im Gleichgewicht: Ozonschicht und natürliche Erderwärmung
3. Klima im Ungleichgewicht:
   a) Treibhausgase und Erderwärmung
   b) Kohlendioxid ($CO_2$) und Erderwärmung
4. Folgen für die Weltbevölkerung:

*Sachzusammenhang (auch Abbildungen, Skizzen oder Diagramme)*

**Wir müssen etwas tun!** ← *Schlussappell, Zusammenfassung*

**Zum Weiterlesen:**
- Unser Schulbuch S. 35–48
- Walletschek, Hartwig/Jochen Graw: Öko-Lexikon. Stichworte und Zusammenhänge.

**Im Netz:**
www.prima-klima-weltweit.de, Zugriff am 10. 03. XX
www.bundesumweltamt.de, Zugriff am 10. 03. XX
www.greenpeace.de, Zugriff am 10. 03. XX

← *Literatur und Internetadressen*

## Aufgaben:

1. Betrachten Sie das Thesenpapier, das die Zuhörer an die Hand bekommen. Achten Sie dabei auf die Gliederung.
2. Entwerfen Sie für Ihren Vortrag ein eigenes Thesenpapier, das Sie an Ihre Zuhörer austeilen würden. Selbstverständlich kann Ihr Handout auch anders aussehen, aber die zentralen Elemente (Kopfzeile, Thema etc.) sollten sich auch in Ihrer Tischvorlage finden.
3. Überlegen Sie, ob Sie die Übersicht vor oder nach dem Vortrag austeilen würden. Begründen Sie Ihre Entscheidung.

# 7. Beraten und bewerten

## 7.1 Einführung

Wenn über Kriterien von gelungenen Vorträgen nachgedacht werden soll, ist es sinnvoll, dass die Schüler selbst erste Kriterien für einen guten Vortrag benennen. Wichtig ist dabei, dass diese Kriterien anschaulich und konkret sind. Die Aussage „Der Schüler sollte deutlich sprechen“ oder er soll „ansprechende Medien verwenden“ ist wenig handlungsleitend. Zu fragen ist vielmehr: „Wann spricht ein Schüler deutlich?“ oder „Wie sieht eine visuell ansprechende Folie aus?“

Es geht darum, die Kriterien mit möglichen Indikatoren (z. B. langsam sprechen, deutliche Pausen einlegen) zu verbinden. Dadurch werden die Erwartungen objektiv und transparent, und die Schüler wissen konkret, was von ihnen erwartet wird.

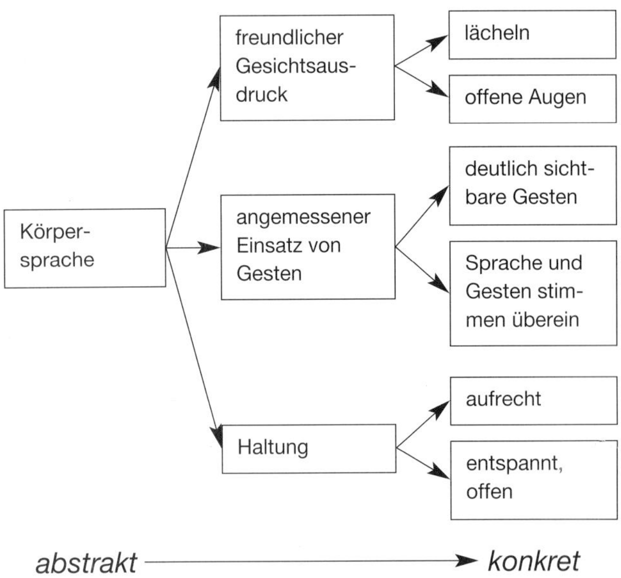


Diese Erfahrungen werden in den folgenden Unterrichtsanregungen aufgegriffen. Die Schüler entwickeln selbst die Kriterien für einen Fachvortrag, beraten sich gegenseitig und beurteilen den Vortrag vor dem Hintergrund der eigenen Ansprüche.

## 7.2 Übungen

### *Angemessen beurteilen*

Eine Möglichkeit, Vortragsleistungen zu bewerten, ist das Bewertungsraster.

Mit einem Bewertungsraster kann vor allem dann sinnvoll im Unterricht gearbeitet werden, wenn die Kriterien von den Schülern zu Beginn der Unterrichtsreihe erarbeitet und ihre Anwendung anschließend schrittweise eingeübt wurde, z. B. mithilfe der folgenden Hinweise. Dazu sammeln die Schüler in einem moderierten Verfahren Kriterien und Kennzeichen eines gelungenen Vortrags.

Übung:
Bewertungsraster erstellen

**Jahrgangsstufe:** 7–13
**Ziel:** Einen Vortrag beurteilen und Verbesserungsvorschläge entwickeln
**Sozialform:** Gruppenarbeit
**Zeitumfang:** 1 bis 3 Schulstunden
**Material:** Karten/Papier DIN A4, ggf. pro Schüler ein Marker, vier große Bögen

Ausgangspunkt ist die Beobachtung, dass Schüler erst dann, wenn sie selbst ein Bewusstsein dafür entwickeln, was einen guten Vortrag ausmacht, die Aneignung der dazu nötigen Kompetenzen für sich als bedeutsam erachten. Außerdem fällt es ihnen leichter, Standards umzusetzen, die sie selbst entwickelt haben. Die Schüler sollen also selbstständig, aber moderiert durch die Lehrkraft, die Kriterien eines gelungenen Vortrags entwickeln.

Die Schüler schreiben zunächst in einer Einzelarbeitsphase auf große Karten (DIN A4), welche Merkmale ein guter Fachvortrag aufweist.

Achten Sie darauf, dass diese Phase zehn Minuten nicht überschreitet.

Auf jede Karte wird nur jeweils ein Aspekt mit dickem Filzstift geschrieben. Weisen Sie Ihre Schüler darauf hin, dass sie groß und deutlich schreiben sollen.

Anschließend bilden die Schüler Gruppen zu drei oder vier Schülern und tragen ihre Ergebnisse zusammen, präzisieren ggf. Formulierungen und

sortieren Doppelungen aus. Für diese Gruppenarbeitsphase genügen fünf Minuten.
Im Plenum stellen die Schüler ihre Ergebnisse vor. Dazu nennen sie dem Kurs ihre Kennzeichen in Stichwörtern und legen die Karten auf den Boden.
Schaffen Sie für diese Phase freie Fläche und stellen Sie die Tische beiseite. Die Schüler sollten sich im Halbkreis aufstellen, so dass alle die Kärtchen in der Mitte lesen können.
Die Schüler überlegen dann, zunächst jeder für sich, welche Kennzeichen jeweils thematisch zusammengehören. Dazu gruppieren die Schüler die ähnlichen Kennzeichen und legen die jeweiligen Karten sichtbar zusammen.
Lassen Sie den Schülern in dieser Phase unbedingt Zeit für Diskussionen! Sie selbst sollten sich hier möglichst zurückhalten und nur bei Unstimmigkeiten auf diese hinweisen.
Gemeinsam suchen die Schüler nach Oberbegriffen für die gruppierten Indikatoren.
Achtung: Die Unterscheidung zwischen Kriterium (= Oberbegriff) und Indikator (= Kennzeichen) muss verdeutlicht werden!
Um die Indikatoren und Kriterien sortiert sichtbar zu machen, fertigen die Schüler ein Plakat an, das etwa 2 × 2 Meter groß sein sollte. Dieses Plakat wird im Kurs- oder Klassenraum aufgehängt.
Im Verlauf der Unterrichtsreihe werden die Schüler auf weitere Indikatoren stoßen, die dann sukzessive ergänzt werden können.
Wenn mit den Ergebnissen langfristig gearbeitet werden soll, können Sie (oder vielleicht ein Schüler) eine Kopiervorlage am Computer im DIN-A4-Format erstellen. Sie können aber auch auf die Vorlage M 2b zurückgreifen. In die Vorlage M 2a können Sie die Kriterien, die Ihre Klasse erarbeitet hat, eintragen. Für den Englischunterricht liegt ebenfalls ein Raster vor (M 2c).

## *Beratung und Kritik*

→ Übung:
Sich gegenseitig beraten

**Jahrgangsstufe:** 7–13
**Ziel:** Einen Vortrag beurteilen und Verbesserungsvorschläge entwickeln
**Sozialform:** Gruppenarbeit
**Zeitumfang:** 1 bis 3 Schulstunden
**Material:** M 1

In der Klasse bilden Sie Vierer- und Fünfergruppen. In jeder Gruppe hält zunächst ein Schüler seinen Kurzvortrag. Von Vorteil ist es, wenn sich die Gruppen auf mehrere Klassenräume, im Flur oder auf dem Schulhof verteilen können.
Die anderen Schüler der Gruppe sind aufmerksame Zuhörer und Beobachter. Jeder Schüler achtet nur auf ein Kriterium des Rasters M 1. Je nach Situation und Thema müssen nicht alle Bewertungskriterien angewendet werden. Wird z. B. nur eine Einleitung geübt, spielt das Visualisieren keine Rolle, ist das Thema ein Nonsensthema, spielt die sachliche Angemessenheit keine Rolle etc.
Am Ende der Rede berät die Gruppe den Vortragenden. Sie orientiert sich dabei an den zuvor besprochenen Bewertungskriterien. Jedes Gruppenmitglied formuliert jeweils nur *einen* Verbesserungsvorschlag. Mehr lässt sich vom Vortragenden kaum konstruktiv umsetzen, ohne ihn zu demotivieren. Dass sich die Schüler möglichst immer auch loben sollten, darf nicht vergessen werden!
Im Laufe einer Schulstunde werden vermutlich zwei Schüler ihr Kurzreferat halten können und beraten werden. Dabei ist sehr wichtig, dass jeder Schüler nach der Besprechung seinen Vortrag ein zweites Mal hält. Nur so wird der Lernfortschritt sichtbar.
Die Beratung in Gruppen führt bereits zur Anwendung des Bewertungsrasters hin.

Übung:
Vorträge beurteilen und bewerten

**Jahrgangsstufe:** 7–13
**Ziel:** Ein Referat kriteriengestützt beurteilen und bewerten
**Sozialform:** Schülervortrag mit anschließendem Unterrichtsgespräch und Beratung in der Lerngruppe
**Zeitumfang:** 45 Minuten, mitunter auch länger
**Material:** M 2a oder M 2b

Arbeitsgruppen beurteilen einen Schülervortrag und unterstützen die Notenfindung durch die Lehrkraft. Mit einem Beurteilungsraster ist es den Unterrichtenden in Zusammenarbeit mit den Schülern möglich, eine kriteriengestützte Beurteilung mündlicher Leistung durchzuführen.
Es empfiehlt sich, Beobachtergruppen aus Schülern zu bilden, die jeweils nur ein Kriterium im Blick haben. Sie bewerten den Vortrag hinsichtlich ihres Kriteriums zum Beispiel mit den ihnen vertrauten Noten von 1 bis 6.
Die Lehrkraft behält sich das letzte Urteil vor und sollte gegen „Sympathienoten“ etc. ihr Veto einlegen. Dies teilt sie dem Kurs bereits vor Beginn des Referates mit. Insgesamt führt die gemeinsame Beurteilung und Notenfindung zu einer durchaus kritischen und treffsicheren Bewertung durch die Schüler.
Das Bewertungsraster kann im Grunde in jedem Fach eingesetzt werden.
Zunächst werden Beobachtergruppen aus zwei bis vier Schülern gebildet. Jede Gruppe überlegt, auf welches Kriterium sie achten möchte. Die Schüler bewerten anhand der ihnen bekannten Noten von 1 bis 6.
Nachdem sich die Gruppen gebildet haben, wird der Vortrag gehalten.
Danach tauschen sich Mitglieder einer Beobachtergruppe aus und einigen sich auf einen Notenvorschlag für ihren Bereich.
Die Notenvorschläge werden im Plenum vorgestellt und ggf. diskutiert. Hier sollte sich die Lehrkraft bei Bedarf beteiligen. Die Note wird im Raster notiert.
Die sachliche Richtigkeit/Angemessenheit sollte von der Lehrkraft beurteilt werden, da diese in der Regel die Textvorlage bereitgestellt hat, sie inhaltlich kennt und ihre angemessene Umsetzung zu beurteilen vermag.
Aufgrund der Benotung der einzelnen Aspekte kann zunächst der Durchschnitt ermittelt werden. Unter Einbeziehung des Gesamteindrucks kann dann die Gesamtnote festgelegt werden.

# Beraten und bewerten: Sich gegenseitig beraten und den Vortrag verbessern

**M 1 Kopiervorlage**

Mithilfe dieses Arbeitsblattes können Sie Ihre Vorträge gegenseitig beurteilen und Verbesserungsvorschläge entwickeln. Dazu benötigt jeder von Ihnen einen vorbereiteten Kurzvortrag und dieses Arbeitsblatt.

**Ablauf**

- Vier bis fünf Schüler bilden eine Beratungsgruppe. In jeder Gruppe hält zunächst ein Schüler seinen Kurzvortrag.
- Die anderen Schüler der Gruppe sind aufmerksame Zuhörer und Beobachter. Jeder beobachtet jeweils ein Kriterium ganz genau. Am Ende der Rede beraten die Gruppenmitglieder den Vortragenden. Sie formulieren jeweils nur *einen* Verbesserungsvorschlag. Dazu greifen sie auf die hier angeführten Bewertungskriterien zurück.
- Bitte vergessen Sie nicht, den Vortragenden auch für gelungene Aspekte zu loben!
- Abhängig von der zeitlichen Entwicklung können mehrere Schüler vortragen und anschließend beraten werden.

Die folgenden Gesichtspunkte können Sie beachten:

Die **sprachliche Gestaltung** beobachtet

......................................... *(Name eintragen)*

Hier müssen Sie die folgenden Aspekte im Blick behalten:

- deutliches Sprechen
- betontes Sprechen
- Gebrauch einfacher Wörter und kurzer Sätze
- Kürze statt Ausschweifungen
- …

Den **Aufbau des Referates** verfolgt

......................................... .

Konzentrieren Sie sich allein auf den Aufbau des Kurzvortrags und behalten Sie dabei die folgenden Aspekte im Blick:

- Sind Einleitung, Hauptteil, Schluss vorhanden und gut erkennbar?
- Sind im Hauptteil die Gliederungspunkte deutlich?
- Steht das Wichtigste zum Schluss des Hauptteils?
- …

Im Bereich **Kontakt mit Zuhörern** berät

......................................... .

Halten Sie fest, ob der Vortragende die folgenden Aspekte berücksichtigt:

- Begrüßung
- häufiger Blickkontakt mit allen Zuhörern
- direkte Ansprache
- rhetorische Fragen
- …

Die **Körpersprache** hat im Blick

......................................... .

Sie beobachten, ob der Vortragende die zentralen Regeln der Körpersprache berücksichtigt hat:

- Gesten
- Gesichtsausdruck, Freundlichkeit
- Bewegung im Raum
- offene Körperhaltung
- …

Den **Einsatz der Medien/Visualisierung**

beobachtet ......................................... .

Sie sollten auf folgende Dinge achten, die einen Vortrag verbessern:

- Übersichten/Gliederung auf TLP oder als Thesenpapier
- komplizierte Texte auf Folie oder Thesenpapier
- Bilder, Grafiken angemessen eingesetzt

Die **sachliche Angemessenheit** ist zwar sehr wichtig, wird hier aber nicht beobachtet, da vor allem das mündliche Vortragen geübt werden soll.

Überlegen Sie am Ende des Vortrages in Ruhe, welcher Verbesserungsvorschlag sinnvoll sein könnte. Beschränken Sie sich dabei auf einen einzigen Ratschlag.

TIPP: Wiederholen Sie in Ihrer Gruppe die Kurzreferate. So können Sie die Vorschläge berücksichtigen und Ihren Vortrag verbessern.

## Beraten und bewerten: Bewertungsraster

**M 2a**
**Kopiervorlage**

Die Schülerin/Der Schüler .................................................. der Klasse ..............

hat am ............................ im Fach ................................................ ein Referat

gehalten zum Thema: .......................................................................................

.........................................................................................................................

Der Vortrag hat ca. .................... Minuten gedauert und den vorgegebenen Zeitrahmen

nicht/um ......... Minuten überschritten/unterschritten.

**1. Sprachliche Gestaltung**

1 2 3 4 5 6

**2. Aufbau des Referates**

1 2 3 4 5 6

**3. Sachliche Angemessenheit**

1 2 3 4 5 6

**4. Medien/Visualisierung**

1 2 3 4 5 6

**5. Kontakt mit Zuhörer**

1 2 3 4 5 6

**6. Körpersprache**

1 2 3 4 5 6

1 = sehr gut gelungen

3 = befriedigend, mit Einschränkungen gelungen

6 = ungenügend

Unter Berücksichtigung der oben angeführten Bewertungskriterien und des durch die Referentin/den Referenten erzeugten Gesamteindrucks wird das Referat insgesamt mit folgender Note beurteilt: ..............................................................

..................................., den .......................    ...............................................

*Ort*    *Datum*    *Unterschrift der Lehrkraft*

## Beraten und bewerten: Mögliche Kriterien und Indikatoren

**M 2b Kopiervorlage**

Die Schülerin/Der Schüler .................................................. der Klasse ..............

hat am ............................. im Fach ................................................ ein Referat

gehalten zum Thema: ............................................................................................

.........................................................................................................................

Der Vortrag hat ca. ................... Minuten gedauert und den vorgegebenen Zeitrahmen

nicht/um ......... Minuten überschritten/unterschritten.

**1. Sprachliche Gestaltung**
- laut, langsam, betont und deutlich sprechen
- frei sprechen
- Pausen machen
- keine Umgangssprache
- Gebrauch einfacher Wörter und kurzer Sätze
- kurz statt ausschweifend

1 2 3 4 5 6

**2. Aufbau des Referates**
- Einleitung, Hauptteil, Schluss
- Spannungsbogen
- leitende Fragestellung in Einleitung deutlich, Neugier geweckt
- Gliederungspunkte im Hauptteil deutlich?
- Wichtiges zum Schluss

1 2 3 4 5 6

**3. Sachliche Angemessenheit**
- inhaltlicher Schwierigkeitsgrad: hoch – niedrig – mittel?
- Textvorlage berücksichtigt:
  - inhaltlich zutreffend/richtig
  - Zusammenhänge deutlich
- Textgrundlage/Quelle aufzeigen
- Wichtiges von Unwichtigem trennen
- nicht vom Thema abkommen
- Fragen beantworten können

1 2 3 4 5 6

**4. Medien/Visualisierung**
- Übersichten auf TLP (Folie)
- komplizierte Zitate auf TLP
- Einsatz von Bildern, Grafiken, Ton- oder Filmdokumenten (Ausschnitt)
- Infopapier für Zuhörer
- ggf. Experiment durchführen

1 2 3 4 5 6

**5. Kontakt mit Zuhörer**
- Begrüßung
- häufiger Blickkontakt
- direktes Ansprechen
- Fragen stellen
- rhetorische Fragen
- Zuhörer einbeziehen durch Aufgaben
- Diskussionen anregen

1 2 3 4 5 6

**6. Körpersprache**
- gezielter Einsatz von Gesten
- freundlicher Gesichtsausdruck, Mimik einsetzen
- Bewegung im Raum konzentriert, ruhig und gelassen
- fester Stand
- offene Körperhaltung

1 2 3 4 5 6

1 = sehr gut gelungen

3 = befriedigend, mit Einschränkungen gelungen

6 = ungenügend

Unter Berücksichtigung der oben angeführten Bewertungskriterien und des durch die Referentin/den Referenten erzeugten Gesamteindrucks wird das Referat insgesamt mit folgender Note beurteilt: ..................................................................

................................., den ........................ ..............................................

*Ort* *Datum* *Unterschrift der Lehrkraft*

## Beraten und bewerten: Assessment criteria for oral reports

**M 2c Kopiervorlage**

The student ............................................................ of class/course ..................

did an oral report on the subject matter ...............................................................

in ...................................... at ..............................................

The report took about ........... minutes and did not go beyond the time limit/went beyond the time limit for......... minutes.

**1. linguistic arrangement**
- clear speach
- intonation
- using simple words and short sentences
- short description

1 2 3 4 5 6

**2. structure/composition**
- introduction, mainpart, conclusion
- structuring of the main part?
- essentials at the end

1 2 3 4 5 6

**3. factual correctness**
- material taken into account
- coherence
- accurate information

1 2 3 4 5 6

**4. media/ visualizing techniques**
- surveys, subdivisions
- overhead projector for involved quotations
- pictures, diagrams, illustrations, film or tape clips
- handout for the audience

1 2 3 4 5 6

**5. addressing the audience**
- greeting
- frequent visual contact
- direct address
- rhetorical questions

1 2 3 4 5 6

**6. body language**
- gestures
- facial expression, kindness
- spatial movement
- open posture

1 2 3 4 5 6

1 = good and high achievement
3 = satisfactory and fair achievement
6 = unsatisfactory and poor achievement

Taking into account the assessment criteria listed above and overall impression created by the speaker the oral report is assessed as follows: ..................................

.................................................................... ..............................................

*date* *signature subject teacher*

# 8. Vorträge als Projekt

## 8.1 Einführung

Kurze Fachvorträge von Schülern sind Bestandteil fast jeden Unterrichts. Es bietet sich daher an, die notwendigen Einzelkompetenzen in einem jahrgangsverbindenden Unterrichtsprojekt mit dem Schwerpunkt Fachvorträge halten einzubinden. Ein solches Projekt wird im Folgenden vorgestellt. Es kann so oder in veränderter Form in einer Klasse, aber auch in einem ganzen Jahrgang realisiert werden. Das Unterrichtsvorhaben gliedert sich in fünf Phasen:

1. Die Schüler entwickeln Beurteilungsmaßstäbe.
2. Einzelkompetenzen werden im Deutschunterricht vermittelt.
3. Die Schüler üben die Evaluation der bereits vermittelten Einzelkompetenzen ein.
4. Die Schüler halten ihre Fachvorträge und die Mitschüler evaluieren.
5. Es findet ein Abschlusswettbewerb der sechs besten Vortragenden statt.

Die gemeinsame Entwicklung von Lernstandards, in einem Beurteilungsraster schriftlich fixiert, bildet den Hintergrund des gesamten Unterrichtsvorhabens und führt zur Selbstevaluation der Vortragsleistungen durch die Schüler.

## 8.2 Projektbeschreibung

### *Ablauf*

Die Schüler bearbeiten in Absprache mit der Lehrkraft ein selbst gewähltes, eingegrenztes Thema so, dass sie es in einem Vortrag den Kursteilnehmern vorstellen können. Dazu werden im Deutschunterricht umfassend die noch fehlenden formalen und kommunikativen Kompetenzen vermittelt, deren Beherrschung zur Bewältigung der komplexen Anforderungen des Fachvortrags notwendig ist. Die Vorträge selbst werden im Fachunterricht gehalten. Der Fachlehrer begleitet die langfristige Vorbereitung der Schüler, die in seinem Unterricht einen Fachvortrag halten. Eine Checkliste (vgl. M 2), die die Schüler vom Fachlehrer abzeichnen lassen und in die sie Hinweise aus der Beratung eintragen, dient hier als Hilfe.

| Zeit | Deutschunterricht | Fachunterricht |
|---|---|---|
| November | Vorbereitungen und Absprachen im Fachteam Deutsch des Jahrgangs, Vorstellen des Projekts Fachvortrag | geeignete Aufsätze für Fachvortrag suchen (durch Fachlehrer) |
| Dezember | Methodische Hinführung zum Fachvortrag in einer gesonderten Unterrichtsreihe zum Thema Vortragen und Reden lernen | bis Weihnachten: Absprache zwischen Schüler und Fachlehrer (Thema, ggf. Material), Rückmeldung an Beratungslehrer |
| Januar | Einüben und Erproben der Vorträge | Begleitung bei der Einarbeitung/ Möglichkeit, Rückfragen zu stellen |
| Februar/ März | Deutschlehrer erhalten die Noten direkt nach den Osterferien | alle Fachvorträge bis zu den Osterferien halten |

### *Schüler entwickeln die Beurteilungsmaßstäbe*

Ausgangspunkt ist die Beobachtung, dass Schüler erst dann, wenn sie selbst ein Bewusstsein dafür entwickeln, was einen guten Vortrag ausmacht, die Aneignung der dazu nötigen Kompetenzen für sich als bedeutsam erachten. Außerdem fällt es den Schülern leichter, Standards umzusetzen, die sie selbst entwickelt haben, als solche, die von außen vorgegeben werden.
Diese Annahme hat dazu geführt, die Schüler anzuleiten, selbstständig, aber moderiert durch die Lehrkraft, die Kriterien eines gelungenen Vortrags zu entwickeln (vgl. Kap. 7).

Nach bisheriger Erfahrung können die Schüler aller Jahrgänge der Sekundarstufe differenzierte Indikatoren für einen gelungenen Vortrag zusammentragen und gelangen zu einem umfassenden Kriterienraster. Auffällig ist, dass alle Lerngruppen zu einem sehr ähnlichen Raster finden. Im Grunde kristallisieren sich immer sechs Beurteilungsaspekte heraus, bei denen sich lediglich einzelne Indikatoren unterscheiden.
Dieser Prozess der Bewusstwerdung, Systematisierung und Visualisierung der Kennzeichen eines guten Vortrags wird von der Lehrkraft lediglich moderiert. Im Verlauf der Unterrichtsreihe werden die Kriterienraster der Deutschkurse eines Jahrgangs miteinander verglichen und auf DIN-A4-Format übertragen. Das fertige Bewertungsraster eines Jahrgangs wird für alle Schüler und Lehrkäfte des Jahrgangs vervielfältigt und dient als Grundlage für die Evaluation der weiteren Vorträge.

### *Kompetenzvermittlung im Deutschunterricht*

Ausgehend von den gemeinsam gesammelten Kriterien werden im Deutschunterricht die für einen gelungenen Fachvortrag notwendigen Kompetenzen vermittelt. Dabei werden konsequent die folgenden Unterrichtsprinzipien verfolgt:

- Kompetenzerwerb:
  Mithilfe der in diesem Band vorgestellten Kompetenzen werden die Schüler Schritt für Schritt an die noch nicht ausreichend vorhandenen Einzelkompetenzen herangeführt. Dabei genügt es z. B. nicht, den Schülern zu sagen, sie sollten ihre Worte mit Gesten verbinden oder Blickkontakt zu ihren Zuhörern herstellen. Umsetzen können die Schüler dies erst nach intensiven Übungsphasen.
- Schüleraktivität:
  Die einzelnen Unterrichtsphasen sind so angelegt, dass Selbsttätigkeit und Selbstständigkeit der Lernenden gefördert und die klassische Belehrungssituation im Frontalunterricht reduziert wird.
- Kooperatives Lernen:
  Die Fähigkeit vorzutragen verlangt viele Gelegenheiten. Kooperative Lernformen erlauben ein hohes Maß an Schülerkommunikation und fördern so grundsätzlich die mündliche Ausdrucksfähigkeit und minimieren die Redeangst. Arbeitsphasen, in denen die Schüler in Kleingruppen vortragen, bilden daher den Kern des Unterrichts.

### *Einüben der Evaluation von den bereits vermittelten Einzelkompetenzen*

Die Evaluation muss frühzeitig eingeübt werden. Dazu werden im Anschluss an die Vermittlung von einzelnen Fertigkeiten immer wieder kurze Evaluationen durchgeführt. Deswegen werden im Zusammenhang mit den Grundsätzen des Kooperativen Lernens Gruppen gebildet, die sich gegenseitig beraten. In jeder Gruppe hält zunächst ein Schüler seinen Kurzvortrag. Die anderen Schüler der Gruppe sind aufmerksame Zuhörer und Beobachter. Am Ende des Vortrags beraten die Zuhörer den Vortragenden. Dazu greifen sie auf die selbst entwickelten Bewertungskriterien zurück (vgl. S. 101). Im Verlauf des Unterrichtsvorhabens werden so sukzessive die Teilkompetenzen und die Evaluation eingeübt.
An dieser Stelle wird für die Schüler sichtbar, ob sie die selbst formulierten Standards realisieren können bzw. welche Anstrengungen noch notwendig sind.

### *Schüler halten Fachvorträge und Mitschüler evaluieren*

Die Schüler halten den eigentlichen Fachvortrag in einem ausgesuchten Fach, z. B. Physik, Sport, Deutsch oder Mathematik (vgl. Tipps zur Vorbereitung M 1). Die Evaluation findet direkt im Anschluss an den Vortrag statt.
Entsprechend den Kriterien des Beurteilungsrasters werden auch hier Beobachtergruppen gebildet, die nach dem Vortrag eine Beurteilung der erbrachten Vortragsleistung in Bezug auf die jeweilige Kategorie abgeben und begründen müssen (vgl. S. 102).
In einer abschließenden Diskussion wird der Vortrag besprochen, und aus den Einzelbeurteilungen wird eine Gesamtbewertung entwickelt.
Auch wenn der Fachlehrer grundsätzlich das letzte Wort bei der Beurteilung behält, hat sich doch gezeigt, dass die Schüler durchaus kritische und strenge Beobachter sind. Gerade durch die kritische Bobachtung ausgewiesener „Spezialisten" wird das Niveau der mündlichen Vorträge erheblich gesteigert.

### *Abschlusswettbewerb und Konsolidierung*

In einem Abschlusswettbewerb werden die sechs besten Fachvorträge vor einem größeren

Publikum aus allen Schülern der Jahrgangsstufe, Eltern und Lehrern gehalten. Eine Jury aus Eltern, Lehrern und Schülern bewertet dabei die Leistungen der Vortragenden. Dazu werden ebenfalls Beobachtergruppen gebildet, die jeweils ein Kriterium in den Blick nehmen. Es zeigt sich, dass hierbei die Schüler die eigentlichen Experten sind und sehr kompetent und überzeugend zur „Notenfindung“ beitragen. Sie können vor allem den Elternvertretern den Gebrauch des Kriterienrasters erläutern. Die Schüler greifen auf ihre umfassenden Evaluationserfahrungen zurück, so dass sie häufig für das begründete Urteil der Beobachtergruppe in hohem Maße verantwortlich sind.

Bei der abschließenden Siegerehrung erhalten alle Teilnehmer des Wettbewerbs – neben einem Sachpreis – eine qualifizierende Urkunde, die sie z. B. in ihr Portfolio heften können.

Das Bewertungsraster bleibt im Verlauf der weiteren Schullaufbahn in allen Fächern die Beurteilungsgrundlage der Vorträge. Es liegt an einer zentralen Stelle (z. B. im Sekretariat) aus und kann von den Lehrkräften, aber auch von den Schülern entnommen werden.

| **Vorbereiten auf Fachvorträge: Tipps für Schüler** | **M 1a Kopiervorlage** |
| --- | --- |

## Erste Schritte

| | |
| --- | --- |
| Fangen Sie rechtzeitig an: | Legen Sie einen Zeitplan an.<br>Vereinbaren Sie Beratungstermine mit dem Fachlehrer. |
| Arbeiten Sie zielgerichtet: | Entwickeln Sie eine Problemfrage: Worauf will ich für die Zuhörer eine Antwort geben?<br>Sprechen Sie das Thema präzise ab.<br>Verändern Sie das Thema nur, wenn Sie nicht weiterkommen. |
| Arbeiten Sie zügig: | Suchen Sie nicht Tage und Wochen nach Literatur!<br>Vertrödeln Sie keine Zeit im Internet.<br>Konzentrieren Sie sich auf wenige Texte.<br>Nehmen Sie einen übersichtlichen Text als Basis für Ihren Vortrag und ergänzen Sie diesen durch Informationen aus anderen Texten. |
| Lassen Sie sich helfen: | Hat Ihr Lehrer einen Tipp?<br>Fragen Sie Ihren Lehrer nach geeignetem Material!<br>Bitten Sie in der Bücherei um präzise Auskunft.<br>Lassen Sie sich nicht abwimmeln, sondern die Literatur im Regal zur Not zeigen! |
| Erst Inhalte erschließen: | Denken Sie an eine dynamische Einleitung, einen deutlich strukturierten Hauptteil und an einen zusammenfassenden Abschluss.<br>Fertigen Sie Folien und Thesenpapiere erst nach Ihrer inhaltlichen Vorbereitung an.<br>Achten Sie darauf, dass Sie die Veranschaulichungen (Folien, Thesenpapiere etc.) zügig anfertigen. |
| Aufwand gering halten: | Setzen Sie nur die Medien ein, die Sie wirklich nutzen!<br>Alles was aufwändig ist, sollten Sie genau bedenken! |

## Zu Hause üben

| | |
| --- | --- |
| Stichwortkarten: | Legen Sie rechtzeitig Stichwortkarten an:<br>Welche Technik wählen Sie? |
| Vorträge ausprobieren: | Üben Sie Ihren Vortrag zu Hause vor dem Spiegel oder besser noch vor Freunden.<br>Was sagen Ihre Freunde zu Ihrem Vortrag?<br>Gibt es noch etwas zu verbessern?<br>Stoppen Sie die Zeit: Reden sie nicht länger als 20 Minuten, sonst kürzen! |

## Vorbereiten auf Fachvorträge: Tipps für Schüler

**M 1b Kopiervorlage**

| | |
|---|---|
| | Denken Sie daran, die Pausen einzuüben und langsam zu sprechen! Haben Sie eine Videokamera oder ein Aufnahmegerät? Dann hören oder schauen Sie sich einmal zu, wenn Sie vortragen. Was könnten Sie noch verbessern? |
| Ablauf planen: | Überlegen Sie, wie Sie die Aufmerksamkeit Ihrer Zuhörer erhöhen möchten. Werden Sie Ihren Vortrag unterbrechen? Wie werden Sie eine Abschlussdiskussion anregen? Wann teilen Sie das Thesenpapier aus? |

### Raum und Medien vorbereiten

| | |
|---|---|
| Sitzordnung prüfen: | Können Sie von allen gesehen werden? |
| Medien kontrollieren: | Funktioniert der Tageslichtprojektor, der Videorekorder oder die anderen technischen Medien?<br>Lassen sich Ihre Medien in der Schule garantiert abspielen?<br>Benötigen Sie Verlängerungskabel oder anderes technisches Zubehör?<br>Ist die Tafel sauber? Haben Sie ausreichend Kreide?<br>Können Sie Plakate aufhängen?<br>Muss und kann der Raum verdunkelt werden (Dias, Videobeamer)?<br>Haben Sie die Thesenpapiere in ausreichender Anzahl vervielfältigt?<br>Ist die Videokassette an die richtige Stelle gespult?<br>Denken Sie daran: Medien gezielt einsetzen! |

**Vorbereiten auf Fachvorträge: Checkliste**

**M 2 Kopiervorlage**

| Zu erledigen durch Schüler | Hinweise aus Beratungsgespräch (Stichwörter eintragen) | Erledigt am (durch Fachlehrer abzeichnen lassen) |
|---|---|---|
| Die Themenabsprache mit einem Fachlehrer bzw. einer Fachlehrerin ist erfolgt. Sie bitten ggf. um geeignetes Material, das als Grundlage Ihres Referates dienen kann. | | bis zum ....... ........................... |
| Sie haben den Beratungslehrer darüber informiert, in welchem Fach und bei welchem Lehrer Sie den Fachvortrag halten werden. | | bis zum ....... ........................... |
| Sie haben sich in das Themengebiet eingearbeitet. Die Textvorlage ist inhaltlich erschlossen. Ein Konzept mit Gliederung ist dem Fachlehrer vorgelegt und mit ihm besprochen. | | bis zum ....... ........................... |
| Sie haben einen Termin für den Fachvortrag mit dem Fachlehrer vereinbart. Bis zu den Osterferien müssen Sie den Vortrag gehalten haben! WICHTIG: Sprechen Sie mit den Lehrern einen genauen Termin ab, da die Zeit aufgrund von Unterrichtsausfällen und/oder Klausuren sehr knapp werden kann. | | bis zum ....... ........................... |

# 9. Anhang

## Literatur


*Aderhold, Egon/Wolf, Edith:* Sprecherzieherisches Übungsbuch. 7. Aufl., Wilhelmshaven 1983.

*Anders, Markus/Draeger, Barbara:* Stimmt's? – Stimmbildung für Lehrer und Schüler. In: Deutschunterricht, H. 2, 57. Jg., 2004, S. 28–33.

*Berthold, Siegwart (Hrsg.):* Grundlagen der Sprecherziehung. Düsseldorf 1981, S. 81–102.

*Ders./Naumann, Carl Ludwig (Hrsg.):* Mündliche Kommunikation im 5.–10. Schuljahr. Didaktische Konzepte und Unterrichtsvorschläge. Bad Heilbrunn 1984.

*Ders.:* Reden lernen im Deutschunterricht. Übungen für die Sekundarstufe I und II. Essen [NDS] 1997.

*Bönsch, Manfred:* Variable Lernwege. Ein Lehrbuch der Unterrichtsmethoden. Paderborn 1991.

*Bootz, Peter:* Pro-und-Kontra-Diskussion als mündliche Abschlussprüfung für Realschüler – ein Erfahrungsbericht. In: Deutschunterricht, Heft 3, [Westermann] 2001.

*Budniak, Johann/Oberreuter, Susanne:* Schülerinnen lernen präsentieren. Klasse 5–11. Lichtenau 2004.

*Buzan, Tony/North, Vanda:* Mind Mapping – Der Schlüssel für deinen Lernerfolg. Wien [hpt] 1997.

*Brüning, Ludger:* Schüler entwickeln Standards für Fachvorträge selber. In: Deutschunterricht, Heft 5, [Westermann] 2003.

*Ders.:* Schüler entwickeln ihr Evaluationsinstrument selber – Fachvorträge im 11. Jahrgang. In: Annette Czerwanski, Claudia Solzbacher, Witlof Volstädt (Hrsg.), Förderung von Lernkompetenz in der Schule. Bd. 2: Praxisbeispiele, Gütersloh 2004.

*Ders./Saum, Tobias:* Erfolgreich unterrichten durch kooperatives Lernen. Essen 2006.

*Deutschunterricht:* Themenschwerpunkt „Lesen, Sprechen, Lesen“, Heft 5, [Westermann] 2003.

*Geißner, Hellmut:* rhetorik (bsv studienmaterial), 3. Aufl., München 1976.

*Gurlitt, Johannes/Nückles, Matthias/Pabst, Tobias/Renkl, Alexander:* Mind Maps & Concept Maps. Visualisieren, Organisieren, Kommunizieren. München 2004.

*Hoffmann, Andreas:* Vorlesen, Vortragen, Debattieren. Vorschläge und kleine Übungen für eine Trainingsspirale in der Sekundarstufe 1. In: Deutschunterricht, Heft 3, [Westermann] 2001.

*Kliebisch, Udo/Rauh, Gregor:* Keine Angst vor Referaten. Ein Lern- und Trainingsbuch. Mühlheim an der Ruhr 1995.

*Klippert, Heinz:* Kommunikationstraining. Übungsbausteine für den Unterricht. 8. Aufl., Weinheim, Basel 2001.

*Kullmann, Volker:* Das Wort ergreifen ohne Angst ... Anregungen und Übungen zur Förderung der Sprechbereitschaft in der Sekundarstufe II (Unterrichtsmaterialien, Bd. 80, hrsg. vom Oberstufen-Kolleg des Landes NRW). Bielefeld 1997.

*Mönnich, Annette:* Mündliche Kommunikationsfähigkeit weiterentwickeln. In: Deutschunterricht, Heft 3, [Westermann] 2001.

*Pawlowski, Klaus/Lungershausen, Helmut/Stöcker, Fritz:* Jetzt rede ich. Ein Spiel- und Trainingsbuch zur praktischen Rhetorik. Wolfsburg [Niedersachsen-Druck] 1985.

*Praxis Deutsch:* Themenschwerpunkt „Reden lernen“, Heft 144, 1997.

*Praxis Schule:* Themenschwerpunkt „Sprechkompetenz“, Heft 4/2004.

*Realschule Enger (Hrsg.):* Lernkompetenz I, Bausteine für eigenständiges Lernen, 5./6. Schuljahr. Berlin 2001.

*Dies.:* Lernkompetenz II, Bausteine für eigenständiges Lernen, 7.–9. Schuljahr. Berlin 2001.

*Stary, Joachim:* Visualisieren. Ein Studien- und Praxisbuch. Berlin 1997.


## Abbildungen

S. 34 *Carelman, Jacques:* Katalog erstaunlicher Dingelinge © VG Bild-Kunst, Bonn 2005.

S. 88 *Fachschaft Mathematik der Universität Bielefeld (Hrsg.):* Math Info Sommersemester 1991/92, S. 21.

Umschlag: *Minkus, Volker,* MINKUSIMAGES.

Wenn in diesem Band von „dem Lehrer“ die Rede ist, so sind Sie, liebe Kollegin, selbstverständlich ebenfalls gemeint. Auch steht „der Schüler“ für Schülerinnen und Schüler.

Vorlage für Ihre individuellen Karten

| | |
|---|---|
| | |
| | |
| | |
| | |
| | |
| | |

# LERNMETHODEN

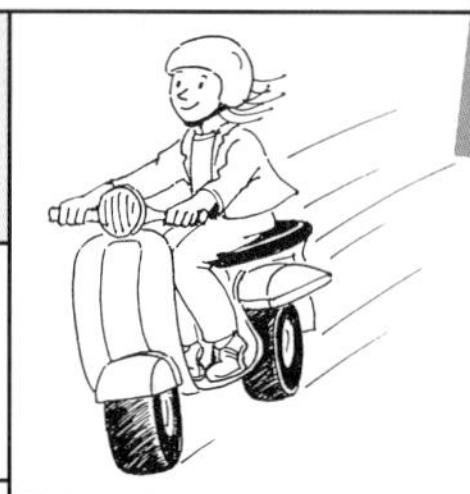

## *Gedächtnistraining – Begriffsketten mit Platzziffern*

*Hinweise zum Einsatz:*
*Ab Jg. 5/6 in einem beliebigen Fach – auch für Vertretungsstunden geeignet.*
*Es ist von Vorteil, wenn in Biologie bereits über das Gehirn gesprochen wurde.*

Baustein 2.1.3

## Information:

Will man sich Begriffe nicht nur in einer bestimmten Reihenfolge merken, sondern auch noch, an wievielter Stelle der Begriff genannt wurde, dann kann man sich mit Bildern für die einzelnen Zahlen weiterhelfen. Ein Anwendungsbeispiel hierfür wären die Inhalte der ersten 20 Grundgesetzartikel. Nach Roland R. Geisselhart sollte man sich die folgenden Bilder für die Zahlen 1 bis 20 einprägen, da in ihnen die Ziffern wiederzuerkennen sind:

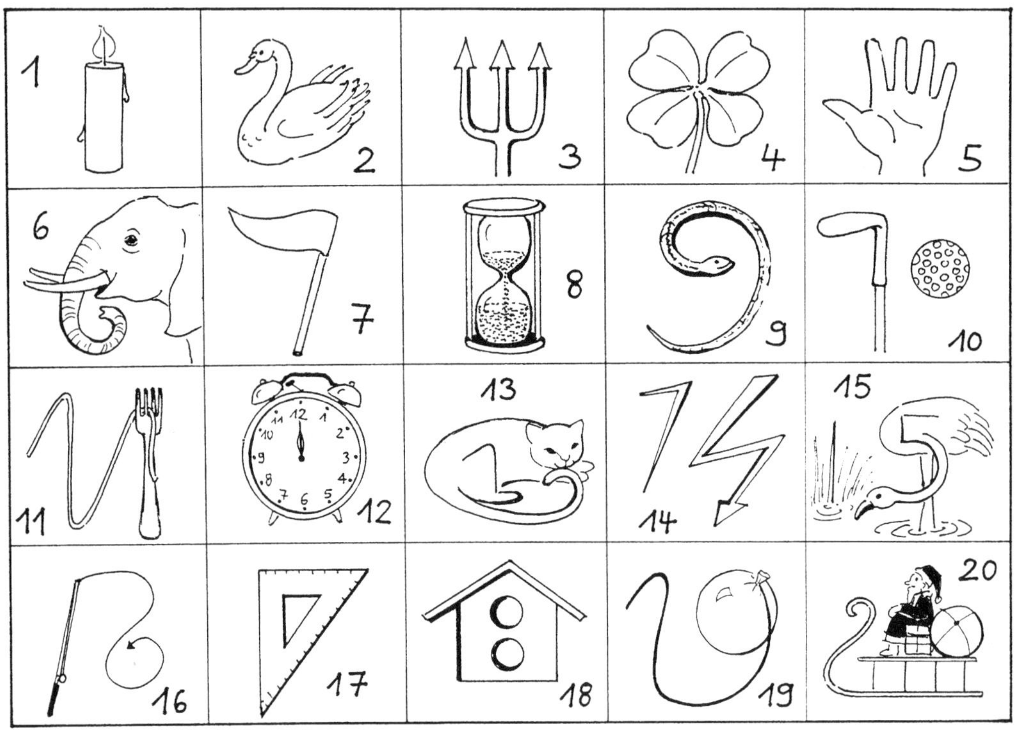


Diese Bilder helfen dir nun, dir zu bestimmten Begriffen die Platzziffer zu merken. Dazu verknüpfst du die Zahlen mit den obigen Bildern, dann die Bilder mit den Begriffen, die du lernen möchtest.